RAINER HAAK

99 gute Gründe, das Leben zu feiern

Über den Autor

Rainer Haak ist Schriftsteller und Theologe. Nach dem Studium der Theologie war er als Gemeinde- und Jugendpfarrer tätig. Seit 1990 arbeitet er hauptberuflich als freier Schriftsteller. Bekannt wurde Rainer Haak vor allem als Autor meditativer Geschenkbücher. Seine Werke wurden in zahlreiche Sprachen übersetzt. Die Gesamtauflage seiner Bücher beträgt über neun Millionen. Er ist regelmäßig unterwegs zu Lesungen und Vorträgen und lebt mit seiner Frau, der Sängerin Angelika Haak, und zwei Kindern in Lüneburg.
www.rainerhaak.de

RAINER HAAK

99 gute Gründe, das Leben zu feiern

GerthMedien

Inhalt

Vorwort

Feiern Sie gern? Still oder ausgelassen, im kleinen Kreis oder in großer Runde? Wie auch immer – es gibt viele gute Gründe, das Leben zu feiern. Das Leben?
Natürlich, wir können unser Leben mit Sorgen füllen, können uns schlecht behandelt fühlen, können jammern und unser Schicksal beklagen oder uns immer mehr Lasten aufladen. Schade drum!
Dieses Buch schenkt Ihnen einen frischen, positiven Blick auf die guten Möglichkeiten, die das Leben bietet – auf wunderbare Begegnungen von Mensch zu Mensch, auf mutige Schritte in die Freiheit und faszinierende Momente und Erlebnisse zwischen Himmel und Erde.
Ich lade Sie ein, jeden neuen Tag als kostbares Geschenk anzusehen und immer wieder einmal still oder ausgelassen das Leben zu feiern. Lassen Sie sich entführen zu spannenden und sehr lebendigen Ausflügen!

Rainer Haak

1 Sonnenstrahlen sammeln

Manchmal geht es uns richtig gut, nicht wahr? Dann spüren wir, dass wir vom Leben reich beschenkt sind. Manchmal können wir lachen und fröhlich sein. Manchmal sind wir voller Zuversicht und Entdeckerfreude.
Doch dann gibt es auch wieder ganz andere Zeiten, viel zu oft! Da sind wir tief unten. Wir sind unglücklich und verzweifelt, enttäuscht und verstimmt. Wir sind von Dunkelheit umgeben und haben den Eindruck, die Sonne würde nie wieder scheinen. Nie wieder?
Wie gut täte es jetzt, wenn wir uns an schöne, unbeschwerte Augenblicke zurückerinnern könnten! An eine wunderbare Feier, ein gutes, ehrliches Gespräch, einen herrlichen Urlaubstag, einen fröhlichen Nachmittag mit den Kindern oder mit guten Freunden, an Mut und Leichtigkeit und Vertrauen.
Natürlich können wir solche Augenblicke nicht wiederholen. Aber wir können die Gefühle von damals hervorholen, noch einmal fühlen und genießen. Allein die Erinnerung kann uns schon ein Lächeln ins Herz und Gesicht pflanzen. Wäre es da nicht angebracht, die positiven Erinnerungen in einem imaginären Schatzkästchen tief in unserem Inneren zu sammeln und dort bereitzuhalten?

Sie haben bereits eine Schatzkiste mit kostbaren Erinnerungen? Herzlichen Glückwunsch! So haben Sie stets eine Art Reiseproviant für den Weg, der vor Ihnen liegt.

Was finden wir in so einer Schatzkiste vor? Auf jeden Fall sind dort Erlebnisse und Erfahrungen gesammelt, an die wir immer wieder gern denken. Dort finden wir intensive Augenblicke, in denen wir alles um uns herum vergessen konnten, Erfolge, für die wir hart gearbeitet haben, und Sonnenstrahlen, die einfach so vom Himmel zu uns geschickt wurden.

Wir brauchen in einer schwierigen Situation einen Grund, uns zu freuen und das Leben zu feiern? Dann lassen Sie uns die Schatzkiste öffnen und zahlreiche gute Gründe hervorholen. Und jeder zusätzliche Schatz, der in die imaginäre Kiste kommt, ist ein neuer Grund zu feiern.

2 Eine lächelnde Kirche

In jedem Sommer verwandelt sich die Kirche von Skärhamn an der Ostküste Schwedens auf auffällige Weise: Der weiße Kirchturm mit den beiden Fenstern, die so sehr an Augen erinnern, erhält unter ihnen einen nach oben geöffneten Halbkreis montiert. Entstanden ist ein herrliches, einladendes Lächeln. So werden die meisten Touristen, die den Ort im Sommer besuchen, bei ihrer Ankunft schon von Weitem von der »lächelnden Kirche« begrüßt und willkommen geheißen. Allein dieser Anblick lohnt schon die Reise in das kleine Küstenstädtchen.

Viele Menschen haben so ein »Willkommen« in ihrer Kirche leider nie erlebt, sondern mussten die bittere Erfahrung machen, abgewiesen oder abgekanzelt zu werden. Sie fühlten sich eingeengt oder niedergedrückt. Darunter haben sie gelitten oder leiden noch. Was für eine Freude muss es gerade für diese Menschen bedeuten, Erfahrungen »der anderen Art« zu machen! Was für eine Freude, die Kirche auf so wohltuende Weise zu erleben – lächelnd und einladend!

Ich hoffe, Sie haben diese wunderbare Erfahrung auch schon machen dürfen. Vielleicht in ihrem Heimatort, in einer Nachbargemeinde oder irgendwo fernab im

Urlaub. Noch nicht? Dann mache ich Ihnen diesen Vorschlag: Verankern Sie das Bild der lächelnden Kirche von Skärhamn tief in Ihrer Seele. Das wird Ihnen guttun. Es ist schließlich die wichtigste Aufgabe jeder Kirche, die Besucher willkommen zu heißen und ihnen in Liebe und Freundlichkeit zu begegnen.

Je mehr Menschen dieses Bild der lächelnden Kirche verinnerlichen und ein menschenfreundliches Bild der Kirche vor ihrem inneren Auge haben, umso häufiger werden wir das tatsächlich erleben – Kirche als Ort, an dem Menschen die Liebe und das »große Willkommen« Gottes feiern. Denn Kirche besteht nicht nur aus Steinen, sondern vor allem aus sehr lebendigen Menschen. Wenn diese Menschen sich von der Freundlichkeit Gottes berühren lassen, kann es geschehen, dass nicht nur der Kirchturm lächelt, sondern das ganze Kirchenschiff »strahlt«. Was für eine wunderbare Vorstellung!

3 Augenblicke der Sorglosigkeit genießen

Wer schon einmal nachts vor lauter Sorgen um die Zukunft nicht einschlafen konnte, weiß sehr gut, wie zermürbend das sein kann. Und wer sich eine lange Zeit von seinen Problemen völlig beherrschen ließ, kann sich genau erinnern, wie gefangen und niedergedrückt er sich damals fühlte.

»Wo bekomme ich nur das Geld her?«
»Wie soll ich den Termin einhalten?«
»Was tue ich nur, wenn ich keinen Erfolg habe?«

Sorgen helfen nicht, unsere Probleme in den Griff zu bekommen. Im Gegenteil! Sie haben die Tendenz, immer größer zu werden und immer mehr Raum in unserem Leben zu beanspruchen. Sie nehmen uns die Luft zum Atmen. Sie drücken uns an den Rand. Sie machen uns das Leben unnötig schwer.
Deshalb ist es oft geradezu lebenswichtig, Sorgen loszulassen. Sie gehören nicht länger in den Mittelpunkt unseres Lebens. Es ist wichtig, Abstand von ihnen zu gewinnen. Am besten ist es, sie so oft wie möglich ganz einfach zu vergessen.
Wie das möglich ist?

Wir suchen etwas, das besser und größer und vor allem lebendiger ist als unsere Sorgen. Wir suchen etwas, wofür wir uns begeistern können: Wir feiern ein fröhliches, ausgelassenes Fest. Wir singen mit Freunden, bis die Wände wackeln. Wir schauen uns einen aufregenden Film an. Wir laufen drei Runden um den Park, bis wir erschöpft und glücklich zurückkehren. Wir bereiten einen romantischen Abend vor – nur für uns zwei! Wir leben völlig im Augenblick und vergessen alles um uns herum. Und wir stellen fest: Solch ein kostbarer Augenblick kann wie ein ganzes Leben sein, rund und erfüllt und durch nichts zu überbieten. Wir feiern diesen Augenblick, als würden wir unser Leben feiern. Alles andere ist jetzt unwichtig. Unsere Sorgen haben wir längst vergessen.
Hinterher sind wir dann meistens müde und glücklich. Und erstaunt stellen wir fest: In der nächsten Nacht können wir wunderbar schlafen. Und Dinge, die uns Sorgen bereitet haben, regeln sich dann meistens wie von selbst.

4 Mitfreuen tut gut

Er wohnte nur ein paar Häuser von mir entfernt. Manchmal kam er vorbei und bat mich um etwas Geld. Dann ließ ich ihn herein und bot ihm stattdessen einen Kaffee und ein Brötchen an. Er roch nach Alkohol, egal ob morgens oder abends. Wenn ich ihn fragte, wie es ihm ging, war die Antwort meistens: »Danke, es geht aufwärts. Den Alkohol habe ich im Griff. Ich trinke nur noch ab und zu, meistens dann, wenn ich traurig bin oder mich einsam fühle. Keine Sorge, ich schaffe das schon!« Am Anfang hatte ich ihm das noch geglaubt, doch nach und nach war offensichtlich, dass sein Weg immer weiter bergab ging. War er am Anfang noch ordentlich gekleidet, so fielen mir jetzt immer häufiger die Löcher in seinem Pullover und die vielen Flecken auf seiner Hose auf. Er war aufgedunsen und fahl im Gesicht. Was für ein trauriges Bild!

Dann kam er längere Zeit gar nicht mehr. Auch auf der Straße begegnete er mir nicht mehr. »Er hat es ja nicht anders gewollt«, sagte eine Nachbarin schnippisch »dabei habe ich ihm immer so gut zugeredet!« So verlor ich ihn aus den Augen, aber dachte noch oft an ihn.

Drei Jahre später klingelte es schon morgens an meiner Tür. Ich öffnete. Vor mir stand ein lächelnder, gut gekleideter Mann, der mich erwartungsvoll anblickte. »Ja, bitte?«, fragte ich. »Erkennen Sie mich nicht? Ich bin es doch!« Tatsächlich, ich konnte es kaum fassen. »Mein« Alkoholiker stand dort, völlig verwandelt. Ich nahm ihn in den Arm, so sehr freute ich mich. Er kam herein, trank seinen Kaffee, aß sein Brötchen, so wie damals, und erzählte während der ganzen Zeit – vom Krankenhaus, von der Kur, von seinem Umzug in eine andere Stadt, von der Gruppe, in der er sich regelmäßig mit anderen Betroffenen austauscht, und von seiner großen Liebe, die er gefunden hatte. Während der ganzen Zeit strahlte er.

Ich freute mich mit ihm von ganzem Herzen. Und ich dachte: Manchmal ist es das größte Glück, sich selbst für einen Augenblick zu vergessen und sich mit einem anderen zu freuen.

5 Weniges kann viel sein

Manche Menschen im wohlhabenden Teil der Welt durchlaufen eine sonderbare Entwicklung. Hier ein Beispiel, wie diese Entwicklung aussehen kann:

»Vor langer Zeit, damals als kleines Kind, brauchte ich nicht viel zum Leben: Liebe, Nähe und Zuwendung, Essen und Trinken, Trost und Lachen und wenigstens ab und zu etwas Sonnenschein. Mehr war nicht nötig. Und es war wunderbar. Doch die Zeiten änderten sich. Nach und nach ›brauchte‹ ich mehr: den neuesten Computer und ein schickes Handy, stets die angesagte Markenkleidung, später ein schnelles, schnittiges Auto, ein repräsentatives Haus mit kostbarer Einrichtung, aufregende Reisen in alle Welt, edles Essen und guten, teuren Wein. Und es kam immer noch etwas dazu. Das alles und viel mehr brauchte ich. Ein einfaches Leben ohne all den Luxus konnte ich mir längst nicht mehr vorstellen. Je mehr ich hatte, umso mehr brauchte ich und umso unzufriedener wurde ich.«

Ich weiß nicht, ob so eine Entwicklung »normal« ist. Aber was ist heute schon normal? Doch für etliche jener Luxusgeschöpfe nimmt diese Lebensgeschichte zum Glück noch einmal eine erstaunliche Wendung:

»Irgendwann stellte ich fest, dass ich so nicht weiterleben wollte. Mir war alles zu viel und zu anstrengend. Sicher, äußerlich hatte ich fast alles, was ich mir wünschte, doch innerlich war ich leer. Da begann ich, Ballast abzuwerfen. Ich machte mich frei von vielem, was mich und mein Herz besaß und auffraß. Und ich wurde auf wunderbare Weise überrascht: Ich entdeckte wieder tiefe Gefühle in mir, die lange Zeit verschüttet waren. Ich freute mich wieder über die kleinen Dinge, so wie damals als Kind. Ich genoss die Zuwendung und das Vertrauen meiner Mitmenschen. Und ich stellte fest: Was für ein Glück ist es doch, zu leben, einfach zu leben!«

Ich wünsche Ihnen, dass Sie an jedem Tag Ihres Lebens neu erfahren, wie viel Sie haben und wie wenig Sie brauchen. Die wirklich wichtigen Dinge können wir uns schließlich nicht kaufen, sie werden uns geschenkt!

6 Die Wirklichkeit genießen

Sicher träumen Sie gern, nicht wahr? Wahrscheinlich malen Sie sich immer wieder einmal etwas Schönes in Ihrer Vorstellung aus. Ich liebe solche Träume. Fast alle Menschen träumen gern von schönen Dingen und wunderbaren Überraschungen, von Glück und Freude: Wir träumen vom nächsten Urlaub oder von einem romantischen Abend. Wir träumen von einem großen Erfolg oder einem rauschenden Fest. Wir stellen uns vor, die Sonne würde scheinen und wir würden gemütlich im Garten liegen. Wir malen uns das Wiedersehen mit unseren Freunden in den schönsten Farben aus und hoffen, dass wir das Problem, das uns quält, bald lösen werden. Wir gehen in Gedanken am See spazieren und spielen mit unserem Sohn ausgelassen Fußball.
Nicht alle Träume erfüllen sich. Manchmal stehen wir uns selbst im Weg, weil wir Angst haben oder zu bequem sind. Manchmal sind unsere Erwartungen zu hoch oder einfach falsch. Manchmal bleiben es schöne Träume, auf die wir uns trotzdem immer wieder freuen. Dabei besteht die Gefahr, dass wir es uns in unseren Träumen so bequem und schön einrichten, dass wir darüber die Wirklichkeit vernachlässigen. Deshalb ist es so wichtig, von der Welt der Träume immer wieder

Abschied zu nehmen und ins wirkliche Leben zurückzukehren.
Erst dann können wir staunend die Erfahrung machen, dass die Wirklichkeit oft viel schöner ist als unsere Träume. Das Leben mit seinen Höhen und Tiefen, mit seinen Hindernissen, seinen Wundern und Möglichkeiten, übersteigt immer wieder jede Vorstellung.
Sicher, das Wetter im Urlaub konnte wieder einmal nicht mit unseren Träumen mithalten. Als der Wolkenbruch uns überraschte, wurden wir bis auf die Haut nass. Aber wir spürten uns und das Leben und waren glücklich.
Und als wir mit unserem Sohn Fußball spielten, stolperten wir so unglücklich, dass wir nur noch humpeln konnten. Aber unser Sohn stützte uns auf dem Heimweg ganz rührend und konnte so auch einmal »der Große« sein. Da kann nun wirklich kein Traum mithalten!

7 Unterschiedliche Menschen

Gleich und Gleich gesellt sich gern, heißt es oft. Und tatsächlich: Einheimische reden meistens mit Einheimischen, und Zugezogene treffen sich mit Zugezogenen. Erfolgreiche sind am liebsten mit ihresgleichen zusammen, und junge Mütter treffen sich mit jungen Müttern. Senioren bleiben oft unter sich, und manche Jugendliche wollen mit den Älteren am liebsten nichts zu tun haben. Viele Menschen ziehen sich in ihre »Szene« zurück, in ihren Klub oder Freundeskreis, ihre Gemeinde, ihren Verein, ihre Stammkneipe oder ihre Familie. Doch muss das so sein?

Zum Glück geschieht an jedem Tag unzählige Male das Wunder, dass völlig unterschiedliche Menschen miteinander ins Gespräch kommen. Hier ein Beispiel: Vor einiger Zeit traf ich in Mannheim eine freundliche ältere Dame, die bis zu ihrer Pensionierung in verschiedenen Krankenhäusern und Seniorenheimen gearbeitet hat. Heute hat sie Zeit, weiter Sinnvolles zu tun. Seit drei Jahren trifft sie sich regelmäßig mit einer jungen türkischen Frau, die gern Deutsch lernen wollte. Die war damals gerade erst 16 Jahre alt und soeben aus der Türkei zu ihrem Vater gezogen, der schon länger in Deutschland arbeitet.

Die so unterschiedlichen Frauen aus zwei verschiedenen Kulturkreisen gehen gemeinsam Eis essen, besuchen die Bibliothek oder unternehmen ausgedehnte Spaziergänge. Inzwischen spricht die junge Frau bereits perfekt die Sprache ihres neuen Heimatlandes.
Sie haben es sicher selbst schon oft erlebt. Ausländische Mitbürger freunden sich mit ihren einheimischen Arbeitskollegen an und laden sie zu sich ein. Anhänger verschiedener Religionen feiern zusammen ein buntes Fest. Ein tätowierter Handwerker renoviert seiner 83-jährigen Nachbarin kostenlos die Wohnung. Eine junge Mutter diskutiert mit einem älteren Herrn über Kindererziehung. Ein Mann im feinen Anzug lädt den obdachlosen Zeitungsverkäufer zum Essen ein.
Was für ein Fest, wenn unterschiedliche Menschen aufeinander zugehen und sich gerade in ihrer Verschiedenartigkeit zu schätzen wissen!

8 Sturm und Regen

Als Kind entdeckte ich in einem Bilderbuch die Wunderwelt des Schlaraffenlandes: Zuerst musste man sich durch einen wohlschmeckenden Puddingberg »fressen«, um zum Ort des Glücks zu gelangen. Dort flogen den Menschen die gebratenen Tauben in den Mund, und immer und überall standen die tollsten Leckereien bereit. Fett und benebelt lagen die beglückten Menschen im Gras.

Ich muss gestehen: Schon damals konnte ich mich weder mit diesen Bildern noch überhaupt mit der Vorstellung eines Schlaraffenlandes anfreunden. Ich kann auch heute nicht irgendwo am Strand wochenlang in der Sonne liegen und nichts tun außer essen und trinken. Und ich mag keine Menschen, die immer nur lächeln und niemals traurig oder ärgerlich sind.

Ich habe aber auch meine Probleme mit Zeitgenossen, die ständig meckern. Sie erleben solche Menschen auch regelmäßig? Sie sind ständig unzufrieden, entweder ist es ihnen zu kalt und regnerisch, oder die Hitze ist kaum auszuhalten. Entweder haben sie gerade keine Arbeit und kommen deshalb mit dem Geld nicht aus, oder sie haben Arbeit und stöhnen, wie anstrengend sie ist. Entweder melden sich ihre Kinder seit Wochen nicht mehr, oder sie sitzen ihnen ständig auf der Pelle. Dahinter steht die unrealistische Vorstellung, alles müsste so sein, dass es ständig Glück vom Himmel regnet. Das Wetter bitte angenehm warm, aber kühl genug, um nicht zu schwitzen. Die Arbeit interessant und leicht zu erledigen, aber sehr gut bezahlt. Und die Kinder sollen immer dann kommen, wenn ihre Hilfe gebraucht wird. Das hört sich alles sehr verdächtig nach einem neuen Schlaraffenland an.

Ich brauche nach ein paar Festtagen unbedingt eine normale Woche mit einfachem Essen. Ich freue mich nach dem Urlaub wieder auf meine Arbeit. Wenn alles völlig glatt verläuft und ich mich nicht anstrengen muss, warte ich sehnsüchtig auf eine neue Herausforderung. Und wenn lange Zeit die Sonne scheint, freue ich mich auf den nächsten Regen oder einen kräftigen Sturm.

Herzlich willkommen, Sturm und Regen – so ist das Leben wirklich lebendig!

9 Einfachheit als Abenteuer

Vor einigen Jahren fuhr ich mit einigen Männern im Winter nach Schweden, um dort auf dem Gelände eines Abenteuerlagers Bäume zu fällen. Der Wald und die Kamine auf dem Gelände hatten diese Aktion dringend nötig. Trotz Schnee und Kälte waren wir von morgens bis nachmittags draußen, fällten Bäume und hackten Holz. Das alles taten wir bewusst mit alten Werkzeugen, ohne Motorsägen oder Ähnlichem.

Wir schliefen in einem einfachen Holzhaus ohne fließendem Wasser. Wir erlebten die Natur so, wie es die Menschen in früheren Jahrhunderten taten, ohne all die Hilfsmittel der modernen Zivilisation. Natürlich, ohne etwas Abenteuergeist hätten wir uns nicht in die Wildnis gewagt.

An jedem Morgen, noch bevor die Sonne aufging, stapften wir schweigend durch Wald und Schnee zu einer alten Fischerhütte am See. Fischerhütte, das ist deutlich übertrieben. Es handelte sich eher um einen einfachen, halb offenen Unterstand aus Holz, der den Blick zum See freigab. Einer von uns las einen kurzen Glaubenstext, jemand anderes stimmte leise ein Lied an, einer sprach ein einfaches Gebet. Wir machten nicht viele Worte. Die hätten hier nur gestört! Haupt-

sächlich schwiegen wir, als langsam die Sonne auf der anderen Seite des Sees aufging. Und wir alle fühlten uns dem Grund des Lebens so nah wie sonst nur selten. Wir brauchten in der Nacht kein bequemes, warmes Hotelbett und nach dem Bäumefällen keinen heißen Whirlpool. Wir brauchten keine Luxusküche, sondern konnten das einfache Essen genießen, das wir auf einem alten Herd bereiteten, der mit Holz beheizt wurde. Und davon hatten wir ja genug. Wir brauchten keine modernen Geräte, um unsere Arbeit zu tun. Und wir brauchten keine eindrucksvolle gotische Kirche, um die Nähe Gottes und seine Liebe zu spüren.
Wir stellten fest, dass wir all die wichtigen Dinge, die zu Hause selbstverständlich sind, nicht brauchten. Aber das Wichtigste, das hatten wir: Wir spürten das Leben, das lebendige Leben. Danke für diese wunderbare Erfahrung!

10 Kleine Schritte wagen

Sicher, jeder Mensch hat mal Angst. Ganz ohne Angst könnte auf Dauer niemand leben. In einem gewissen Maß ist Angst sogar hilfreich, denn sie kann uns davor bewahren, sinnlos unser Leben, unsere Gesundheit und unsere zwischenmenschlichen Beziehungen aufs Spiel zu setzen. Also können wir sagen: »Danke für die Angst, die uns schützt und vor gravierenden Folgen bewahrt.« Aber das soll jetzt auch genug Lob für die Angst sein.

Denn Angst kann auch lähmen. Sie kann uns daran hindern, die Wahrheit zu sagen oder zu ertragen. Sie kann uns davon abhalten, Hindernisse aus dem Weg zu räumen und unsere dringenden Probleme zu lösen. Sie kann uns unfähig machen, auf andere Menschen zuzugehen, uns auf Neues einzulassen und unsere Zukunft zu gestalten. Es ist die Angst, die Menschen dazu bringt, ihre eigenen dunklen Seiten zu ignorieren und stattdessen eine Lebenslüge mit der nächsten zuzudecken.

Unzählige Menschen lassen sich von ihrer Angst beherrschen. Sie trauen sich nicht, am Leben teilzunehmen, sondern ziehen sich in ihre kleine, »sichere« Welt zurück, in ihre Erinnerungen, Träume und Fantasien. Gerade dann brauchen sie Menschen, die ihnen zeigen, dass sie liebenswert sind, und die ihnen immer wieder Mut machen. Sie brauchen Zuspruch und heilsame Hoffnungsgeschichten. Für viele ist die Bibel ein Buch, das Hoffnung schenkt und Wege aus der Angst aufzeigt. *(Achtung: In schweren Fällen ist oft eine Therapie hilfreich, um verdrängte Gefühle und Erlebnisse erst einmal ans Tageslicht zu holen.)*

Hoffnung, Glaube, Lebensmut – sie können wachsen durch jeden Schritt aus der Angst in die Freiheit. Hoffnung gedeiht durch viele kleine Schritte zu einer großen Hoffnung, Mut wächst durch viele kleine Erfolge, und der Glaube wächst, wenn er sich bewährt und neue Freiheit schenkt.

Jeder kleine Schritt aus der eigenen Enge in die Freiheit ist Grund genug, ein kleines Fest zu feiern. Und jeder große Schritt kann Anlass sein für ein großes Freudenfest. Wie gut, wenn es Freunde und Begleiter gibt, die mitfeiern und sich mitfreuen!

11 Sich als Original erkennen

Unsere Eltern haben uns viele Jahre lang begleitet, so lange, bis wir in einem Alter waren, in dem wir ein selbstständiges Leben führen konnten. Unsere Eltern haben uns beschützt – und natürlich auch geprägt. Sie haben uns auf ihre Weise das Leben erklärt und immer wieder versucht, uns positive Werte zu vermitteln. Wahrscheinlich haben sie unsere Meinungen und unseren Geschmack mehr geprägt, als wir wahrhaben wollen.

Auch viele andere haben fleißig »mitgeprägt«, Mädchen und Jungen in der Schule, die Clique, die Werbung, die öffentliche Meinung. Wir haben uns nach anderen gerichtet, uns von Modetrends beeinflussen lassen – auf dem langen Weg zu unserer eigenen Identität.

Irgendwann waren wir der Meinung, erwachsen zu sein. Das heißt aber nicht unbedingt, dass wir in der Lage waren, uns selbst eine Meinung zu bilden. Zu groß ist auch im Erwachsenenalter die Versuchung, uns nach anderen zu richten. Was glauben die anderen, was mögen sie, womit beschäftigen sie sich, wofür setzen sie sich ein? Zu groß ist die Versuchung, Vorbildern und Stars nachzueifern, die von den Medien

»gemacht« worden sind. Vielleicht gingen wir lange Zeit den Weg der Mehrheit und nicht den anderen, manchmal einsamen und höchst anstrengenden Weg. Wirklich erwachsen sind wir wohl erst, wenn wir beginnen, unseren eigenen Weg zu gehen, und uns nicht länger nach Autoritäten und Trends oder nach der Mehrheit zu richten. Schließlich ist jeder Mensch von Gott als Original geschaffen. Auf dem eigenen Weg geht es also nicht darum, wie jemand anderes zu werden – so erfolgreich wie er, so populär wie sie, so konsequent, so stark, so wohlhabend. Es geht vielmehr darum, der Mensch zu werden, das Original zu sein, als das wir erschaffen und gewollt sind.

Wenn wir wirklich erwachsen sind, finden wir immer einen Grund zu feiern – unsere Einzigartigkeit, unsere Besonderheit, unseren eigenen Weg. Doch bei allem Feiern – davor liegt eine einsame und anstrengende und höchst intensive Zeit.

12 Werden wie die Kinder

Sicher haben auch Sie Ihre Freude daran, wenn Sie miterleben, wie intensiv kleine Kinder die Welt erforschen, auch wenn diese Welt noch sehr überschaubar ist: Sie betrachten den Wurm, der keck aus dem Rasen hervorragt. Sie liegen auf dem Rücken und blicken fasziniert zum Himmel, wo sich die Wolken zu Märchengestalten und Ungeheuern ballen. Sie staunen über Frösche und Seifenblasen, über Schneeflocken und Gummibänder.
Für kleine Kinder ist schließlich noch alles im Leben neu. Sie sind begeisterte Forscher und Entdecker. Sie erleben jeden Tag große und kleine Abenteuer. Sie glauben an Wunder und lassen sich gern überraschen. Sie blicken nach vorn und freuen sich auf das, was kommt.
Wie schade, dass viele Erwachsene dieses Glück der Kinder nicht mehr kennen! Sie blicken nur noch zurück. Sie erwarten nichts Neues mehr, sondern hängen voller Wehmut dem Vergangenen nach. Sie glauben nicht mehr an Wunder, sondern pflegen ihre Wunden und Enttäuschungen. Und sie lassen sich schon lange nicht mehr vom Leben überraschen.
Es gibt Menschen, die nur das Alte wiederholen. Sie machen stets dort Urlaub, wo sie es immer schon getan haben. Sie erzählen immer wieder die gleichen, alten

Geschichten. Sie singen dieselben Lieder und treffen dieselben Menschen.

Die meisten Kinder haben den Erwachsenen einiges voraus. Sie haben große Erwartungen an das Leben. Sie sind offen und können sich über vieles freuen. Sie lassen sich gern beschenken und staunen über das Leben in seinen vielen bunten Farben. Vielleicht hat Jesus deshalb gesagt: »Lasst die Kinder zu mir kommen. Ihnen gehört das Himmelreich« (Matthäus 19,14).

Nein, nicht kindisch wollen wir sein. Aber etwas von der Neugier der Kinder und ihrem grenzenlosen Vertrauen wünschen wir uns zurück. Wir möchten wieder spielen können, frei lachen, die Zeit vergessen und fröhlich tanzen.

Wenn wir das Leben lieben und feiern wollen, können wir ganz einfach beginnen: Wir achten darauf, dass unser inneres Kind wieder sehr lebendig wird.

13 Einander zuhören können

Es ist eine wunderbare Gabe, dass wir reden können. So sind wir in der Lage, unseren Mitmenschen mitzuteilen, was uns wichtig ist, was wir erlebt haben, was wir uns wünschen oder was uns wehtut. Wir können über unseren Glauben reden und über unsere Zweifel, über die Liebe und unsere Ängste, über Pläne und Hoffnungen. Wer einmal einen Tag lang nichts gesagt hat, aus welchen Gründen auch immer, weiß, wie wichtig es ist, sich mitteilen zu können.
Manche Menschen allerdings reden oder »plappern« ständig, weil sie völlig auf sich bezogen sind und sich nicht auf die Gedanken und Erfahrungen anderer einlassen können. Manche lassen ihre Mitmenschen nicht zu Wort kommen, weil sie es nicht ertragen können, dass auch andere einmal recht haben. Und alle Vielredner laufen Gefahr, sich stets um dieselben ihrer Lieblingsgedanken zu drehen und sich allem Neuen gegenüber zu verschließen.
Alles Große beginnt in der Stille, so lautet eine der wichtigsten Weisheiten unserer Vorfahren. Oder anders ausgedrückt: Wer nicht hören kann, wird sich nicht weiterentwickeln. Er bleibt stehen.

Ein gesunder, tiefer Glaube wird stets dort geboren, wo ein Mensch hört – auf das Wort Gottes in der Bibel oder auf die Erfahrungen eines Mitmenschen. Und auch beim Beten geht es nicht vor allem ums Reden, sondern ums Hören. In der Stille wurden große Werke der Musik geboren, eindrucksvolle Gedichte oder zündende Ideen. Wie gut, wenn ein Mensch hören kann – allein in der Stille oder mit anderen im Gespräch!
In einem guten Gespräch geht es stets darum, dass beide Gesprächspartner reden und hören – dass sie ihre eigenen Gedanken nicht verschweigen, aber auch offen sind für die Erfahrungen und Vorschläge des anderen. In einem guten Gespräch geben beide und nehmen beide. Und in jedem guten Gespräch werden beide beschenkt.
Wie gut, wenn sich zwei Menschen ohne Vorbehalte begegnen, offen miteinander reden, sich gegenseitig zuhören und danach reich beschenkt wieder auseinandergehen!

14 Unterschiedliche Menschen

Die Gastgeberin hatte sich zu ihrem Geburtstag einen alten Wunsch erfüllt, einmal etliche sehr unterschiedliche Menschen einzuladen. Da die meisten von ihnen sich untereinander nicht kannten, begann die Feier mit einer etwas ausgedehnteren Vorstellungsrunde.

So kam es, dass einer nach dem anderen ein wenig oder auch etwas mehr aus dem eigenen Leben erzählte. Da war zum Beispiel der begeisterte Gärtner, der früher jahrelang zur See gefahren war und dabei viele Länder kennengelernt hatte. Einmal wäre er fast für immer in Südamerika geblieben, weil er sich dort verliebt hatte. Danach stellte sich die erfolgreiche Malerin vor, die gerade wieder eine Ausstellung in einer großen Galerie eröffnen konnte. Dabei hatte es lange Jahre so ausgesehen, als würde sie niemals von dem Verkauf ihrer Bilder leben können. Aber sie selbst hatte zum Glück immer an sich und ihre Fähigkeiten geglaubt.

Eine jugendlich wirkende, sportlich gekleidete Frau jenseits der 60 erzählte begeistert davon, dass sie noch an diesem Morgen auf ihrem Bauernhof Hühner gefüttert und die Kühe gemolken hat. Eine Iranerin berichtete in perfektem Deutsch, wie es sie nach schweren

Erfahrungen und manchen Irrwegen hier in diese Stadt verschlagen hat.
Mehrere berichteten von schweren Schicksalsschlägen, die sie hinter sich hatten. Zwei erzählten davon, dass sie schon mehrfach ihren Beruf gewechselt hatten und heute endlich glücklich sind mit dem, was sie tun.
Tatsächlich, es war eine äußerst bunte Runde, die da zusammengekommen war. Die Gastgeberin erhob ihr Glas und sagte gerührt: »Danke, dass ihr so viel von euch preisgegeben habt. Es ist fast unglaublich, wie unterschiedlich wir sind. Das ist ein unfassbarer Reichtum. Ich finde das aufregend und spannend. Und ich bin heute sehr glücklich und freue mich, mit euch allen dieses Fest zu feiern!«
Es wurde an diesem Abend für niemanden langweilig. So unterschiedlich die Gäste auch waren – das Fest wurde ein voller Erfolg. Vielleicht ja gerade deshalb?

15 Neue Hoffnung entdecken

Jeder Mensch ist in seinem Leben mal oben und dann auch wieder ganz unten. Jeder erlebt Erfolge und glückliche Phasen, aber auch bittere Enttäuschungen, Niederlagen und Rückschläge. Das ist völlig normal. Nur so ist ein gesundes und ausgeglichenes Leben auf Dauer überhaupt möglich.
Doch manche Menschen erleben Tiefpunkte, die für andere kaum vorstellbar sind. Vielleicht haben Sie sich selbst auch schon in so einer furchtbaren Situation befunden:

Eine junge Mutter ist völlig verzweifelt, weil ihr Kind tödlich verunglückt ist. Ein Mann versteht die Welt nicht mehr, weil ihn seine Frau verlassen hat, ohne es ihm anzukündigen und darüber zu reden. Ein Ehepaar, das gemeinsam hart gearbeitet und ein in der Vergangenheit gut gehendes Geschäft aufgebaut hat, muss Insolvenz anmelden. Ein Familienvater weiß nicht mehr weiter, weil er trotz vieler Bewerbungen keine Anstellung gefunden hat. Eine alleinerziehende Mutter kapituliert, weil ihr alles über den Kopf gewachsen ist. Eine Frau ist verzweifelt, weil ihr Mann vom Arzt eine niederschmetternde Diagnose erhalten hat.

Das sind Situationen, in denen es nur noch Dunkelheit zu geben scheint. Kein Licht ist zu sehen. Nach einem tiefen Fall scheint es endlos so weiterzugehen. Und mancher sagt zu sich selbst bitter: »Wozu soll ich noch weiterleben? Es hat doch alles keinen Sinn mehr!«
Es berührt mich immer wieder sehr, wenn ein Mensch, der so eine Situation erfahren und erlitten hat, langsam neue Hoffnung schöpft und ins Leben zurückkehrt. Vielleicht hat sich doch alles noch einmal zum Besseren gekehrt. Oder wahrscheinlicher: Er findet einen neuen Weg zurück ins Leben – trotz Trennung, Insolvenz oder Krankheit.
Es berührt mich tief, wenn jemand nach langer Dunkelheit wieder Licht sieht. Wenn er nach tiefem Fall wieder aufsteht. Und auch für mich ist es immer wieder ermutigend, wenn jemand sagt: »Ich habe erfahren, dass ich nicht endlos tief falle. Das liegt wohl daran, dass jemand da ist, der seine Hände aufhält und mich liebevoll auffängt.«

16 Die Stille hören

Es ist eine anerkannte Tatsache, dass der Lärm in unserer Welt immer weiter zunimmt. Manche lieben das, genießen den Kick und stellen die Lautstärke noch höher ein. Doch irgendwann haben auch sie genug von »immer lauter«. Irgendwann sind die Nerven überstrapaziert und die Trommelfelle ausgeleiert.

Immer mehr Menschen leiden unter dem Lärm, der sie fast ständig umgibt. Flugzeuge fliegen über unsere Häuser hinweg, Autos rasen an uns vorbei und Baumaschinen liegen uns den ganzen Tag lang in den Ohren. Und wenn wir uns ein wenig auf der Terrasse ausruhen wollen, wirft der Nachbar seinen neuen Sitzrasenmäher an. Vielleicht haben wir uns damit abgefunden und sind der Meinung, daran sei nichts zu ändern. Das bringe der Fortschritt halt so mit sich.

Ja, vielleicht sind wir sogar schon so an den Lärm gewöhnt, dass wir selbst in der Wohnung die Stille vertreiben, das Radio oder den Fernseher anstellen, noch etwas lauter, als brauchten wir diese Extra-Dröhnung. Sind wir von den ständigen Geräuschen abhängig?

Haben wir Angst vor der Stille?

Wissen wir überhaupt noch, wie sie sich anfühlt und anhört?

Aber dann gibt es sie doch, diese kostbaren Augenblicke, in denen alles um uns herum schweigt, außer dem Singen der Vögel und dem Rascheln der Zweige im Wind. Noch hallt der Lärm in uns nach, für eine kurze Zeit, aber dann kehrt ein herrlicher Friede in uns ein. Das haben wir lange nicht mehr erlebt. Doch tief in uns haben wir uns immer danach gesehnt. Wir kommen zur Ruhe, innerlich und äußerlich. Wir atmen frei. Wir kommen zu uns. Wir leben!
In solchen kostbaren Augenblicken wächst die Sehnsucht nach der Stille in uns noch weiter. Wir werden sicher schon bald die nächste Gelegenheit finden, die Symphonie der Stille zu genießen. Wir werden neu lernen, die Stille zu suchen und zu lieben. Und irgendwann werden wir auch ihre wichtigen Botschaften hören, vor denen wir so lange Zeit unsere inneren und äußeren Ohren verschlossen hatten.

17 Sprünge ins Leben

Vor Jahren war ich unterwegs in den USA und besuchte einige christliche Jugendcamps, um darüber ein Buch zu schreiben. In »Frontier Ranch« in Colorado war ich begeistert von »The Ropes« (»die Seile«). Das war ein Abenteuerparcours hoch oben in den riesigen, schwankenden Bäumen, so ähnlich wie die Hochseilgärten, die heute bei uns überall wie Pilze aus dem Boden sprießen.

Natürlich wollte ich es auch einmal ausprobieren. Eine junge Mitarbeiterin sicherte mich, und schon stellte sich ein eigenartiges Gefühl in der Magengegend ein, als ich über einen tiefen Abgrund hangelte, über einen Balken balancierte oder mich von einem Baumwipfel zu einer kleinen Plattform hoch oben schwang. Auf der stand ich nun in luftiger Höhe, mein Gurt wurde noch einmal gesichert, und dann sollte ich von dort zu einem frei schwebenden Trapez springen, das sich etwa zwei Meter vor mir befand. Tief unter mir sah ich ganz klein die Zuschauer aus dem Camp. Als ich schließlich sprang und zufasste, war das ein tolles Gefühl: Ich habe mich getraut! Hurra! Langsam wurde ich heruntergelassen. Ich spürte wieder festen Boden unter den Füßen.

Später stand Susan, 14 Jahre alt, dort oben auf dem Dreißig-Zentimeter-Podest im Baumwipfel, schaute ängstlich hinunter, ging in die Knie und setzte zum Sprung an. Doch sie stellte sich wieder gerade hin, hielt sich verzweifelt die Hand vor Augen und rief: »Ich trau mich nicht!« Ihre Freundinnen feuerten sie an, sie ging in die Knie – wieder sprang sie nicht. Schließlich, nach fast 30 Minuten, traute sie sich endlich und sprang. Danach war sie überglücklich, tanzte vor Freude und wurde von den Freundinnen in die Arme geschlossen (siehe Geschichte in »99 gute Gründe, dankbar zu sein«).

Wie oft trauen wir uns nicht! Einen fremden Menschen ansprechen, trotz Flugangst ins Flugzeug steigen, den Beruf wechseln, über die eigenen Probleme sprechen oder jemanden um Verzeihung bitten – was für ein tolles Gefühl, wenn wir es schließlich getan haben. Danke für alle kleinen Vertrauensschritte und alle großen Sprünge ins Leben!

18 Die Schublade öffnen

Manchmal sieht es so aus, als würden wir alle unsere diversen Schubladen brauchen. Wir lieben es, unseren Mitmenschen Etiketten zu verpassen wie gut und böse, langweilig und interessant, egoistisch und hilfsbereit, geizig oder großzügig. Und wer bei uns einmal in einer bestimmten Schublade gelandet ist, aus welchen Gründen auch immer, hat es dann äußerst schwer, daraus wieder zu entkommen. Denn schließlich sind wir froh, dass er sich darin befindet und wir stets genau wissen, was wir von ihm zu halten haben.

Es kann Jahre dauern, bis er sich dann möglicherweise doch noch aus dieser Schublade befreit und in eine andere vorgearbeitet hat. Denn wir nehmen ihn lange Zeit so wahr, wie es auf dem Etikett zu lesen ist, und nicht so, wie er wirklich ist.

Wie kann ihm der Sprung hinaus gelingen? Vielleicht überrascht uns die »geizige« Geschäftsfrau mit einer überaus großzügigen Spende für Kinder in Not? Vielleicht gelingt es dem »langweiligen« Rechnungsführer bei einem Fest, alle anderen Gäste blendend zu unterhalten? Vielleicht entpuppt sich der »böse« Nachbar gerade dann als liebevoller Helfer, wenn wir dringend Hilfe brauchen?

Da hat sich also jemand aus seiner Schublade befreit. Ob das jetzt für ihn ein Grund ist, sich zu freuen? Vielleicht hat er ja sogar darunter gelitten, dass er von uns so beurteilt wurde, wie er sich selbst nie sah. Vielleicht hat er oft gedacht: »Ich will hier raus!«
Doch der Anlass zur Freude ist für uns wahrscheinlich viel größer als für ihn. Schließlich haben wir einem Menschen unrecht getan. Wir hatten ihn lange auf eine Rolle festgelegt und ihm keine Chance gegeben, sich daraus zu befreien. Erst jetzt haben wir endlich erkannt, dass er in keine Schublade passt und dort auch nicht hingehört. Ja, dass überhaupt niemand in eine Schublade passt. Wir haben erkannt, dass jeder Mensch viele unterschiedliche Seiten hat und immer für eine Überraschung gut ist. Wir haben etwas Wichtiges dazugelernt. Wenn das kein Grund zur Freude ist.

19 Zu Gast sein

Es ist sicher für uns alle eine kostbare Erfahrung, herzliche Gastfreundschaft zu erfahren. Das gilt in besonderem Maße dann, wenn wir gar nicht damit gerechnet hatten. Bei einer langen, anstrengenden Wanderung werden wir von einem freundlichen Ehepaar hereingebeten, damit wir uns stärken können. Die Nachbarn fragen spontan, ob wir heute Abend Lust haben, mit ihnen zu feiern.
Vor Jahren schrieb ich diesen Text über eine unerwartete, wundervolle Begegnung:

»Ich weiß gar nicht mehr,
wie es zu diesem Abend kam.
Ich wohnte einige Tage lang in eurem Dorf
bei euren Nachbarn, Verwandten von mir.
Und dann, am späten Nachmittag war es,
saß ich mit euch zusammen
um den alten, schweren Eichentisch in der Diele.
Jung und Alt war da beieinander,
gute Freunde und Nachbarn
und Fremde wie ich.
Nein, fremd war ich keinen Augenblick lang.
Ihr habt mich sofort fühlen lassen,

dass ich dazugehöre, dass ich mitreden darf
und mitsingen und mittanzen.
Wenn ich zurückdenke,
dann spüre ich eure Freundlichkeit,
rieche das Feuer im Kamin, höre eure Lieder
und sehe den alten, schweren Eichentisch,
an dem ich so gern wieder einmal sitzen würde.«

Sicher haben Sie auch viele positive Erinnerungen an Gastfreundschaft, die Ihnen geschenkt wurde. Und ebenso oft durften sich Gäste bei Ihnen wohlfühlen.

20 Zeichen der Liebe

Neulich traf ich einen alten Bekannten, der völlig niedergeschlagen war. Ich fragte ihn, was los sei. Sofort sprudelte es aus ihm heraus. Ein Mensch, den er sehr gern hatte, habe ihn bitter enttäuscht. In allen Einzelheiten ließ er mich an dieser Enttäuschung teilhaben. Er schloss seine Geschichte mit den Worten: »Du kannst dich heute auf niemanden mehr verlassen. Jeder denkt nur an sich. Für die meisten ist Liebe ein Fremdwort. Ich habe den Glauben an die Menschheit ein für alle Mal verloren.«

Natürlich haben wir alle schon einmal schlechte Erfahrungen mit unseren Mitmenschen gemacht. Wir haben an ein Versprechen geglaubt und wurden enttäuscht. Wir waren in einer Notsituation, und niemand hat uns geholfen. Wir sahen jemanden als guten Freund an und wurden von ihm betrogen. Wir glaubten an die große Liebe und wurden von einem Tag auf den anderen verlassen.

Leben wir tatsächlich in einer Welt ohne Liebe? Können wir wirklich niemandem mehr trauen? Ich spüre schon, wie Sie jetzt etwas entgegnen wollen. Denn glücklicherweise machen wir täglich positive Erfahrungen. Woran denken Sie gerade? Vielleicht wurden

Sie kürzlich getröstet, als Sie ganz unten waren? Vielleicht leben Sie seit vielen Jahren in einer glücklichen Ehe mit einem liebevollen Menschen? Vielleicht hat jemand kürzlich gefragt, ob er etwas für Sie tun kann? Sicher fallen Ihnen noch viele, viele eindrucksvolle Beispiele ein.

Leider sind die Zeitungen voll mit negativen Erfahrungen. Eine Journalistin einer großen Tageszeitung sagte mir einmal, gute Nachrichten interessieren kaum. Die Menschen lesen lieber über Mord, Betrug und Untreue. Wie wäre es, wenn wir in Zukunft vor allem die positiven Geschichten erzählen? Wie wäre es, wenn wir uns gegenseitig Mut machen, unseren Mitmenschen zu vertrauen und liebevoll mit ihnen umzugehen? In der Bibel heißt es: »Gott ist die Liebe.« Sollte da nicht eine Menge Liebe auch in seinen Geschöpfen angelegt sein? Mein Vorschlag: Lassen Sie uns gemeinsam immer wieder nach Zeichen der Liebe suchen!

21 Lauter gute Gaben

Jeder Mensch hat seine Vorlieben und versucht, das Leben auf seine eigene, persönliche Weise zu genießen. Wir müssen nicht mit allen ihre Liebhabereien teilen, absolut nicht. Aber wir dürfen uns mit ihnen freuen – sofern ihre Vorlieben nicht gegen die Mitmenschen und das Leben gerichtet sind.
Das Leben und seine guten Gaben genießen – wie unterschiedlich das doch geschieht! Ob Sie sich in dieser kleinen Genießerliste wiederfinden?

Der eine liebt gesundes Essen,
der andere hört gern klassische Musik.
Einer besucht romanische Kirchen,
der andere sammelt begeistert Briefmarken.
Einer organisiert unvergessliche Feste,
der andere fotografiert unter Wasser.
Manche schwingen sich begeistert aufs Motorrad,
andere wandern tagelang durch die Alpen.
Einige züchten Rosen in ihrem Garten,
andere backen traumhafte Torten,
und wieder andere essen sie hinterher auf.
Manche schreiben wunderschöne Gedichte,
manche malen abstrakte Gemälde

oder lesen spannende Kriminalromane.
Einige laden gern Gäste ein,
andere lassen sich gern einladen.
Einige wollen stets etwas erleben,
andere genießen still
und ruhen in sich selbst.

Sie alle haben die Möglichkeit, ihre Leidenschaften in die Tat umzusetzen und etwas zu tun, was ihnen und meistens auch einigen Mitmenschen Freude bereitet. Ist das nicht ein Geschenk des Himmels?

22 Gute Erinnerungen

Am Anfang war die Freude groß. Ihre Bewerbung war so überzeugend, dass sie trotz starker Konkurrenz angenommen wurde. Endlich hatte sie ihren Traumjob! In den nächsten Wochen sprach sie von nichts anderem als davon, am Ziel ihrer Wünsche angelangt zu sein.
Doch mit der Zeit zog der Alltag ein. Der Traumjob war für sie zu einer Selbstverständlichkeit geworden. Sie empfand inzwischen vieles nur noch als Routine, nicht mehr als das große Glück.
Am Anfang war die Freude groß. Er hatte sich verliebt. Er hatte seine Traumfrau gefunden. Sie verstanden sich prächtig. Sie ergänzten sich wunderbar. Sie genossen jeden Tag und versprachen sich ewige Liebe.
Doch mit der Zeit zog der Alltag ein. Der »Zauber des Anfangs« war längst verflogen. Sie liebten sich noch, sicher. Irgendwie. Alles war so normal und alltäglich geworden.
Am Anfang war die Freude groß. Er hatte sich aus einfachsten Verhältnissen nach »oben« gearbeitet. Er verdiente gut und konnte sich vieles leisten. Doch eines Tages wurde ihm deutlich, wie sehr er sich an all das gewöhnt hatte.

Am Anfang war die Freude groß. Endlich hatte sie einen Sinn für ihr Leben gefunden. Sie hatte den Glauben an Gott für sich entdeckt und war davon wie berauscht. Doch schon nach wenigen Jahren saß sie oft gelangweilt im Gottesdienst. Von der ersten Begeisterung war nichts mehr zu spüren.

Manchmal tut es gut, uns an »damals« zu erinnern. Damals, als wir uns nicht vorstellen konnten, diesen Job zu bekommen. Damals, als wir von der großen Liebe nur heimlich geträumt haben. Damals, als wir schon in der Mitte des Monats kein Geld mehr hatten. Damals, als unser Leben leer und ohne Sinn war und wir noch keinen persönlichen Draht zum Gott der Liebe hatten.

Manchmal ist es wichtig, uns daran zu erinnern, wie gut es uns geht und wie reich beschenkt wir uns fühlen können. Manchmal tut es uns gut, all die kleinen und großen Geschenke in unserem Leben zu feiern, die inzwischen so selbstverständlich erscheinen. Die Erinnerungen feiern – vielleicht kommen dann die Freude und das Prickeln schon bald wieder zurück.

23 Wunder erkennen

Was meinen Sie: Gibt es Wunder? Viele Menschen würden diese Frage eindeutig verneinen. Sie glauben nicht an das, was aus dem Rahmen fällt und allen Erwartungen und Prognosen widerspricht. Vielleicht haben sie auch keinen Blick für das Außergewöhnliche und keinen Sinn für Überraschungen. Vielleicht hat in ihrer Vorstellung nur das Platz, was sie zu verstehen meinen und was sie in ihre Gedankenwelt einordnen können. Vielleicht kennen sie auch nicht das wunderbare Gefühl, über etwas Großes und Ungewöhnliches ergriffen zu staunen. Dabei werden auch sie oft genug Zeugen eines Wunders, nur sie erkennen es nicht.

Welche Wunder ich meine? Da gibt es in meiner Nachbarschaft ein Paar, das sich trennen wollte – zu groß waren die erlittenen Verletzungen und die gegenseitige Entfremdung. Keiner hätte mehr einen Pfifferling auf die Ehe gewettet. Doch die beiden begannen, intensiv an ihrer Beziehung zu arbeiteten, nahmen sich wieder Zeit füreinander, sprachen über ihre größten Wünsche und tiefsten Gefühle, und das Wunder geschah. Neulich feierten sie einen kleinen Dankgottesdienst und versprachen sich noch einmal gegenseitig Liebe und

Treue. Sie haben etwas Ähnliches auch schon gehört oder sogar selbst erlebt?

Da geben sich zwei Nachbarn nach langem Streit und vielen gerichtlichen Auseinandersetzungen tatsächlich wieder die Hand.

Da trägt ein alter Obstbaum, der längst gefällt werden sollte, noch einmal viele wohlschmeckende Früchte.

Da fängt ein Mann in Berlin, der nach vielen persönlichen Enttäuschungen nichts mehr vom Leben erwartete und schließlich in der Obdachlosigkeit landete, noch einmal völlig von vorn an. Heute hat er eine eigene kleine Wohnung und arbeitet wieder in seinem alten Beruf.

Eine einsame, ältere Dame bekommt unerwartet im Krankenhaus Besuch von ihrer Tochter, die seit 30 Jahren als »verschollen« galt.

Ein abgeklärter Manager, der nur an seine Zahlen und Prognosen glaubte, erlebt einen Sonnenuntergang am Meer und hat plötzlich Tränen in den Augen.

Ich kenne ihn schon fast, seit ich denken kann. Früher als Arzt hatte er viel zu tun und stets eine volle Woche. Bei seinen Patienten war er beliebt. Sein Beruf machte ihm viel Freude, auch wenn es manchmal äußerst anstrengend war. Als ich ihn kürzlich nach langer Zeit besuchte, war er längst im Ruhestand. Ich fragte, wie er sich fühlt und was er jetzt mit seiner freien Zeit macht. Er war erstaunlich wortkarg. Ja, mit dem Hund geht er spazieren. So kommt er regelmäßig an die frische Luft. Das tut ihm gut. Ich war skeptisch. Er sah nicht glücklich aus. Als seine Frau mich zur Tür brachte, flüsterte sie mir zu: »Es tut mir so weh, dass er fast nur noch zu Hause sitzt, fernsieht und Kreuzworträtsel löst. Mit dem Hund geht er nur widerwillig hinaus, wenn ich keine Zeit dafür habe.«

Sicher kennen Sie auch Menschen, die im Alter ihre ganze Fröhlichkeit und Begeisterung verloren haben. Sie schlagen die Zeit tot und sind immer häufiger mit ihren Mitmenschen und dem Leben unzufrieden. Vielleicht haben sie sich nicht auf den Ruhestand vorbereitet. Vielleicht sind sie nach anstrengenden Jahren bequem und schließlich unbeweglich geworden.

Ein Glück, dass das nicht so sein muss! Kürzlich traf ich einen Lehrer, der nur noch zwei Monate bis zu seiner Pensionierung hat. Wie er sich denn darauf vorbereite, fragte ich ihn. Und er erzählte begeistert, dass er seit ein paar Monaten Gesangsunterricht nimmt und bald in einem Chor singen will. Er lernt tanzen und hat sich für den Herbst zu einem Sprachkurs angemeldet. Ich bin sicher, dass es ihm auch ohne die Arbeit mit Jugendlichen in der Schule nicht langweilig werden wird.

Ein Glück, dass es zahlreiche Ältere gibt, die noch sehr beweglich sind! Viele engagieren sich ehrenamtlich, manche haben die Wanderlust entdeckt und erschließen sich romanische und gotische Kirchen. Andere kochen leidenschaftlich und laden regelmäßig Gäste zu sich ein.

Ich freue mich, dass es für viele auch im hohen Alter immer noch Herausforderungen gibt, die sie gern annehmen. So möchte ich auch alt werden!

25 Jeden Tag Musik

Das Orchester hatte soeben die letzten Töne gespielt, die Musik schwebte noch im Raum, da setzte ein ohrenbetäubender Applaus im Konzertsaal ein, als müsste die angestaute Begeisterung irgendwie hinaus. Es war den Menschen hier anzusehen, wie tief sie durch das Konzert berührt waren. Es war ein Abend, den sie bestimmt nie vergessen würden.

Sie haben sicher schon etwas Ähnliches erlebt. Sie erinnern sich an eine Gänsehaut, als der Chor zum großen Finale einsetzte. Sie denken an den Film, den Sie schon viele Male angeschaut haben, nur weil Ihnen die Filmmusik so sehr gefällt. Vielleicht lieben Sie Gospelmusik und hören immer wieder begeistert zu, wenn die alten oder neuen schwarzen Glaubenslieder gesungen werden. Ja, vielleicht singen Sie sogar selbst im Chor mit. Sie erinnern sich an Ihre Jugend, als Sie mit glühenden Wangen am Lagerfeuer saßen und Lieder von fernen Ländern und spannenden Abenteuern sangen? Ihnen fallen die Scheunenfeste ein, als das ganze Dorf mitsang und mittanzte? Sie denken daran, wie Sie sich völlig selbst vergaßen und in der Kirche bei »Du meine Seele singe« aus voller Kehle mitsangen oder leise mitsummten? Ihnen fallen Jazzkonzerte ein, traumhafte

Gitarrensoli und das Saxofon, bei dem Sie zur selben Zeit weinen und lächeln konnten?

Was wäre unser Leben ohne die Musik? Unsere Seele liebt Musik und braucht sie so sehr, wie unser Körper Essen und Trinken braucht. Schon vor fast 3000 Jahren wurden in den Psalmen des Alten Testaments Instrumente wie Posaunen, Pauken und Pfeifen bedichtet und besungen (Psalm 150). Und ich kann mir lebhaft vorstellen, dass die Engel zur Geburt Jesu in Bethlehem die Hirten mit wunderbarer Musik erfreut haben.

Kein Tag ohne Musik, das ist ein wunderbares Motto für unsere unruhige, schnelllebige Zeit. Musik, die beruhigt, Musik, die tröstet, Musik, die unsere tiefsten Gefühle trifft, Lieder, die den Glauben stärken, Töne, die uns herausfordern und ermutigen, und Musik, die uns alles um uns herum vergessen lässt.

26 Kostbare Augenblicke

Große, besondere Augenblicke erleben wir alle, und zwar viel, viel häufiger, als es uns bewusst ist. Doch leider lassen wir sie oft verstreichen, ohne ihren Zauber wahrzunehmen und zu genießen. Wir haben sie einfach verpasst, so wie wir einen Zug oder eine Verabredung verpassen können.

Da vertraut uns jemand etwas Wichtiges aus seinem Leben an. Für ihn ist das ein großer, fast heiliger Moment: Er hat sich getraut, über etwas zu sprechen, was bisher in seinem Inneren verschlossen war. Endlich hat er es ausgesprochen. Was für eine Befreiung! Doch wir bekommen die Bedeutung dieses Augenblicks gar nicht mit. Wir unterbrechen ihn und erzählen lapidar, dass wir so etwas Ähnliches auch schon einmal erlebt haben. Hätten wir doch »richtig« zugehört und uns ganz auf die Worte und den Ausdruck des Erzählers konzentriert!

Da wandern wir mit Freunden eine Stunde am Meer entlang und plaudern während der ganzen Zeit über belanglose Dinge wie die aktuelle Schuhmode oder angesagte Fernsehserien. Schade, die schönsten Ausblicke aufs Wasser und die größten Wunder dort am Strand haben wir dabei leider übersehen und verpasst!

Da treten wir von der Terrasse in den Garten und sehen, wie unsere Kinder gedankenversunken zusammen spielen. Sie bekommen nichts von dem mit, was um sie herum geschieht. Sie spielen mit ganzer Seele und allen Sinnen. Statt jedoch diesen kostbaren Augenblick zu genießen, unterbrechen wir die Spielenden und halten ihnen einen langen Vortrag darüber, wie sie die Spielsachen nachher aufzuräumen haben.
Wie gut, wenn es uns gelingt, die wahrhaft kostbaren Augenblicke in unserem Leben zu erkennen und ihren Zauber zu erfahren! Wie gut, wenn wir unsere Augen dafür öffnen, wie reich wir immer wieder beschenkt werden!
Wenn wir uns an solchen kostbaren Augenblicken erfreuen und sie dankbar feiern, dann werden das wunderbare Feste werden. Manche werden ganz leise sein, fast meditativ, und dann wieder erwarten uns höchst mitreißende, rauschende Feste.

27 Lächelnd die Welt verändern

Sie erleben es an jedem Tag: Auf einer »wichtigen« Sitzung, an der Sie teilnehmen, blicken Sie in lauter ernste, fast etwas grimmige Mienen. Dabei merken Sie, wie Sie sich mehr und mehr unwohl fühlen. »Na ja«, sagen Sie vielleicht, »ich habe wahrscheinlich genauso ernst geblickt. Aber ich hätte mich gern durch einen freundlichen, fröhlichen Gesichtsausdruck anstecken lassen.«
Sie nehmen an einem Gottesdienst teil und stellen bald fest, dass es Ihnen nicht gut geht. Woran das liegt? Sie blicken in lauter ernste, traurige Gesichter. Die Menschen wirken seltsam gedrückt. Kein bisschen fröhlich und »erlöst«. »Ich muss gestehen«, flüstern Sie leise, »ich mache wohl auch keinen anderen Eindruck. Meine Mundwinkel hängen wahrscheinlich auch nach unten. Dabei wird doch die ganze Zeit von Gottes Liebe gepredigt.«
Sie besuchen ein Kaufhaus und ärgern sich über die gelangweilten Verkäuferinnen und Verkäufer, die lustlos herumstehen. Sie besuchen eine Behörde und staunen, dass dort niemand freundlich lächelt. »Ich muss zugeben«, so sagen Sie, »dass ich heute auch nicht gut drauf bin und wohl selber einen ziemlich unfreundlichen Eindruck erwecke.«

Zum Glück machen Sie aber auch Erfahrungen der völlig anderen Art. Sie denken dabei an den Busfahrer, der neulich so lustige Ansagen gemacht hat. Da begannen selbst die hartgesottensten Morgenmuffel zu lächeln. Vielleicht fällt Ihnen auch die junge Frau an der Kasse ein, die für jeden Kunden ein freundliches Wort hat. Und sicher erinnern Sie sich an den Gottesdienst, bei dem so eine ansteckende fröhliche Atmosphäre herrschte.

Häufig können Sie erleben, wie Sie mit einer positiven Ausstrahlung die Stimmung Ihrer Mitmenschen verändern können. Ein freundliches Lächeln von Ihnen reicht aus, und die Sachbearbeiterin lächelt zurück. Ein gutes Wort trägt dazu bei, dass der Streit um den einzigen freien Parkplatz schnell beendet ist.

Wie gut, dass Sie so wunderbar lächeln können – und die meisten Menschen darauf mit Freundlichkeit antworten!

28 Die Wirklichkeit genießen

Leiden Sie ab und zu unter furchtbaren Albträumen? Wachen Sie manchmal morgens voller Angst und total schweißgebadet auf und haben immer noch die schrecklichen Bilder im Kopf?
Mir wurde schon häufig von solchen Horrorträumen erzählt. Da steht die Träumerin vor einer tiefen Schlucht. Von hinten kommen grausame Krieger oder Furcht einflößende Monster immer näher. Vorn blickt sie vor Angst erstarrt in die unendliche Tiefe. Der Atem der Feinde ist jetzt schon deutlich zu spüren. Da bleibt nur der Sprung … Sie wacht auf, die Augen aufgerissen, das Herz pocht. Sie muss sich erst einmal orientieren. Wo ist sie? Ach, wie gut, bei sich zu Hause in ihrem sicheren, warmen Bett!
Manchmal kann auch die Wirklichkeit wie ein böser Traum erscheinen. Wir spüren starke Schmerzen im Bauch und stellen uns vor, wir hätten eine unheilbare Krankheit.
Wir warten auf unseren Sohn, der sich zum Besuch angemeldet hat. Er wollte schon längst angekommen sein mit dem neuen, schnellen Auto. In unserem Kopf malen wir uns bereits ein Schreckensszenario aus. Wie gut, wenn es plötzlich an der Tür klingelt. Wir öffnen

aufgeregt: »Hallo, da bin ich. Hab mich wohl wieder etwas verspätet.«

Wir sind aufgewacht, die schrecklichen Bilder waren nur ein Traum. Was für eine wunderbare, heilsame Erfahrung wird uns da geschenkt: Wir erkennen, dass alle Ängste unnötig waren. Und von diesem Augenblick an können wir vielleicht alles in unserem Leben viel mehr genießen als vorher – unsere Gesundheit, unsere Besucher, unsere Ehe, unseren Glauben. Wir haben all das sozusagen noch einmal neu geschenkt bekommen. Es ist so, als wären wir neu geboren – alles ist wieder möglich. Wir müssen keine Angst mehr haben und dürfen uns auf viele gute Möglichkeiten und Abenteuer freuen.

Vielleicht tut es uns sogar manchmal ganz gut, einen bösen Traum zu haben. Denn so wird es möglich, die Wirklichkeit danach mit völlig anderen Augen zu sehen. Und erfreut stellen wir fest: »Das Leben hat mich wieder. Ich bin ja so glücklich. Ich liebe das Leben.«

29 Regelmäßige Glücksmomente

Natürlich freuen wir uns alle über außergewöhnliche Glücksmomente. Sie haben sicher schon etliche solcher Momente selbst erlebt. Einige Beispiele gefällig?
Völlig überraschend kommen die erwachsenen Kinder zu unserem Geburtstag. Dabei sah es noch vor wenigen Tagen so aus, als müssten wir allein feiern.
Als alle damit rechneten, dass das große Freiluftkonzert ins Wasser fallen würde, trat plötzlich die Sonne aus den Wolken hervor und schien hell und freundlich über dem Festplatz, bis der letzte Ton verklungen war.
Zu den außergewöhnlichen Glücksmomenten zählt die Einladung zum Silvesterball, das Wiedersehen mit guten Freunden nach langer Zeit, die Versöhnung mit der Schwester nach dem schrecklichen Streit, die unerwartete Beförderung und der eindrucksvolle, unvergessliche Sonnenuntergang am Meer.
Zum Glück gibt es nicht nur diese außergewöhnlichen Augenblicke, in denen wir rundum glücklich sind. Es gibt auch immer wiederkehrende Glücksmomente, wenn wir nur bewusst darauf achten und dafür sorgen. Wo erfahren Sie auch im Alltag solche glücklichen Augenblicke? Ein Vater von zwei Kindern, 15 und 17 Jahre alt, erzählte mir, dass er regelmäßig mit einem

der Kinder essen geht. Dabei erlebt er immer wieder, wie gut Vater und Kind diese gemeinsame Zeit bei feinem Essen und offenen Gesprächen tut.
Ein älteres Ehepaar freut sich die ganze Woche auf den langen Spaziergang in der näheren Umgebung, den sie am Mittwochabend zusammen genießen und bei dem alle Alltagsroutine von ihnen abfällt. Für beide ist es ein fester Termin, der nur ganz selten verschoben werden darf.
Regelmäßige Glücksmomente kann es beim monatlichen Frühstück mit einer guten Freundin geben, beim meditativen Taizé-Gottesdienst am Freitag in der alten Kapelle, im Schloss bei den traditionellen Kamingesprächen oder beim gemeinsamen Singen in der »Krone«.
Bei jeder dieser Gelegenheiten leben Sie intensiv im Augenblick. Oder anders ausgedrückt: Sie feiern das Leben. Und das dürfen Sie an jedem Tag.

30 Beachtet werden

Niemand mag es, zurückgewiesen zu werden, Sie nicht und ich nicht. Niemand erhält gern ohne triftigen Grund eine Absage. Niemand ist glücklich, wenn er übersehen wird und für andere Luft ist. Niemand mag gern das Gefühl haben, für seine Mitmenschen ein Niemand zu sein.

Sie wissen selbst, wie gut es tut, wenn die Nachbarin morgens nicht ruckartig zur Seite blickt, sondern Sie freundlich grüßt. Sie lieben es, von jemandem aus Ihrer Familie in den Arm genommen zu werden. Es tut Ihnen gut, von einer Freundin eingeladen zu werden und von ihr zu hören, wie wichtig Sie für diese Freundin sind. Es tut gut, für Ihr ehrenamtliches Engagement beachtet und wenigstens ab und zu auch einmal gelobt zu werden.

Gerade in unserer immer kälteren und anonymeren Welt ist es so lebenswichtig wie Essen und Trinken, hier und dort Wärme und Zuspruch zu erfahren. Menschen, die häufig umziehen, können ein trauriges Lied davon singen, wie lange es oft dauert, bis sie wenigstens von einigen Nachbarn gesehen und beachtet werden. Jeder freundliche Blick tut da schon gut!

Manchmal kann sich der ganze Tag dadurch in einen Feiertag verwandeln, dass jemand zu uns kommt, uns freundlich anblickt und sagt: »Gut, dass es dich gibt!« oder »Schön, dass du da bist!« Das kann uns auf eine heilende Weise treffen, weil es uns tief in unserem Innern anspricht. Es sagt uns: Wir müssen uns in dieser Welt nicht fremd fühlen. Wir sind nicht ungewollt, sondern geliebt und dazugehörig.

Ich glaube, unsere Seele feiert bei jedem »Willkommen« ein kleines Fest, und manchmal tanzt sie dabei sogar fröhlich und übermütig. Vielleicht erinnert sie sich jedes Mal dankbar an den Augenblick, als unsere Eltern uns vor langen Jahren zum ersten Mal im Arm hielten und uns voller Liebe und Zuneigung anblickten. Und vielleicht spürt sie dabei wieder diesen »göttlichen Funken« in sich, der ihr zeigt, dass sie im Himmel geboren wurde, dort eine Heimat hat und deshalb für alle Zeit kostbar und liebenswert ist.

31 Dankbarkeit

Vor einiger Zeit arbeitete ich an einem Buch zum Thema Dankbarkeit (»99 gute Gründe, dankbar zu sein«). Zuerst hatte ich meine Zweifel, ob damit ein ganzes Buch zu füllen sei. Ich begann an jedem Abend zu überlegen, für welche fünf Dinge ich an diesem Tag dankbar sein kann. Mein Fazit: Fast immer fiel mir deutlich mehr ein.

Beim Schreiben des Buches machte ich dann eine ähnliche Erfahrung. Immer neue Themen kamen mir in den Sinn. Immer neue Gründe, dankbar zu sein, flossen in das Manuskript ein. Ich war freudig überrascht. Bald wurde mir klar: All diese Gründe waren in meinem Innern bereits längst vorhanden. Ich musste sie sozusagen nur zutage fördern. Und mit jedem neuen Thema, jedem zusätzlichen Bereich, jeder Zutage-Förderung wurde ich mehr von einer tiefen, allumfassenden Dankbarkeit ergriffen.

Mir fiel die Obdachlosenzeitung ein, die von Betroffenen verkauft wird und ihnen das Gefühl gibt, selbst etwas Sinnvolles tun zu können. Ich empfand große Dankbarkeit, wenn ich an mein Herz dachte, das seit meiner Geburt zuverlässig für mich schlägt und dafür sorgt, dass lebenswichtige Stoffe über den ganzen Körper verteilt werden. Ich dachte dankbar an manches Tief, das ich nach einiger Zeit schließlich überwunden habe. Dankbar war und bin ich für die Gastfreundschaft, die mir und anderen so oft geschenkt wird. Und dankbar bin ich dafür, dass mir mein Glaube eine Hoffnung nicht nur für dieses Leben, sondern über den Tod hinaus schenkt.

Viele Leserinnen und Leser haben mir inzwischen bestätigt, dass sie ähnlich empfinden. Sie finden täglich neue Gründe, dankbar zu sein. Und manche von ihnen haben die Angewohnheit übernommen, an jedem Abend noch einmal nachzudenken und nachzufühlen, wo sie heute Grund zur Dankbarkeit hatten.

Dankbare Menschen, so stelle ich immer wieder fest, sind meistens auch äußerst zufriedene und glückliche Menschen. Man sieht es ihnen an. Sie lieben das Leben mit all seinen schönen und schweren Seiten. Und häufig erfreuen sie ihre Mitmenschen durch ein fröhliches Lachen.

32 Ältere Ehepaare

Mir reicht schon ein flüchtiger Blick in meinen Bekanntenkreis, um ernüchtert festzustellen, dass Ehekrisen und sogar Scheidungen heute keine Seltenheit mehr sind. Im Gegenteil! Manchmal höre ich sogar die Meinung, dass glückliche Ehen und positive, liebevolle Beziehungen eher Ausnahme als Normalfall sind.

Immer wieder erlebe ich, dass nach der ersten Phase des Verliebtseins schon nach relativ kurzer Zeit die große Ernüchterung folgt. Im grauen Alltag stellt sich für viele schnell heraus, dass die Traumfrau oder der Märchenprinz eben doch nur ganz normale Menschen mit Fehlern und Eigenarten sind und alles wohl nur ein »großer Irrtum« war.

Vielleicht haben Sie selbst Paare erlebt, die am Ende waren. Vielleicht haben Paare in der Krise Ihnen ihr Leid geklagt? Vielleicht waren Sie sogar schon selbst von Trennung oder Trennungsgedanken betroffen?

Die Statistiken sprechen auf jeden Fall eine deutliche Sprache. Etwa jede dritte Ehe scheitert irgendwann. Und manche Ehepaare, die offiziell zusammenbleiben, leben nur noch nebeneinander her.

Zum Glück ist das nur die eine Seite der Wirklichkeit. Denn wir alle kennen Paare, die auch nach 20 oder 30

oder 50 Jahren zueinanderstehen und glücklich zusammenleben.
Wirklich immer glücklich? Nun, auch glückliche Ehepaare erleben Zeiten, in denen es nicht einfach ist. Ich kenne da keine einzige Ausnahme. Es gibt Streit wegen der Erziehung der Kinder, wegen des Geldes oder wegen unterschiedlicher Erwartungen an den jeweils anderen. Aber diese Paare geben eben nicht gleich in jeder Krise auf. Ihr Geheimnis? Sie sind beide bereit, an sich zu arbeiten. Sie gehen Kompromisse ein, die manchmal schmerzhaft sein können. Sie glauben weiter an ihre Liebe und tun vieles dafür.
Es tut gut und macht Mut, Paare zu erleben, die jahrelang an ihrer Beziehung gearbeitet haben und weiter gemeinsam ihren Lebensweg gehen. Und es berührt tief, Ehepaaren zu begegnen, die gemeinsam alt geworden und immer noch verliebt sind.

33 Lebendig sein für Abenteuer

Wir erleben es immer wieder auf Familienfeiern: Während die Kinder dort fröhlich herumtollen, spielen, lachen und ständig in Bewegung sind, sitzen viele der Erwachsenen stundenlang wie festgenagelt auf ihren Stühlen. Sie essen und trinken, sie reden und hören zu – aber sie bewegen sich nicht. Bis zum Abschied haben sie ihren Platz nicht verlassen.

Hoffentlich sind sie bei anderen Gelegenheiten beweglicher. Hoffentlich verbringen sie nicht jeden Tag mehrere Stunden bequem vor dem Fernseher. Hoffentlich sind sie noch lebendig, innerlich und äußerlich. Hoffentlich sind sie noch neugierig und abenteuerlustig.

Wie gut, wenn wir selbst andere Erfahrungen machen als die eben geschilderten! Ist es nicht herrlich, wenn wir spüren, wie lebendig wir sind? Sie haben es erlebt, nehme ich an: Wenn wir eine zündende Idee haben, die uns total begeistert, dann hält uns nichts auf den Stühlen. Dann tun wir alles, um diese Idee in die Tat umzusetzen. Dann kommen wir uns wieder so ähnlich vor wie damals – als wir Kinder waren und jeden Tag in Bewegung waren und tolle Ideen hatten.

Besonders lebendig fühlen wir uns, wenn wir alte Verletzungen heilen lassen, aus unserer Selbstisolation ausbrechen und wieder mutig nach vorn blicken. Wenn wir Dinge loslassen, die uns das Leben unnötig schwer gemacht haben. Wenn wir aufhören, uns ständig Sorgen zu machen und dadurch selbst zu blockieren. Oder wenn wir unsere falschen Sicherheiten loslassen und mutig und locker neue Wege gehen. Wir genießen unsere neu gewonnene Freiheit und Leichtigkeit und sind tatsächlich glücklich.

Lebendig sind wir, wenn wir uns selbst auf den Arm nehmen können, über uns lachen, uns selbst nicht so wichtig nehmen, begeistert tanzen, fröhlich singen – und wenn uns das alles kein bisschen peinlich ist.

Lebendig sind wir, wenn wir von den Kindern lernen, wenn wir uns trauen, unseren bequemen Sessel zu verlassen, wenn wir fröhlich hinausziehen und für neue Abenteuer bereit sind.

34 Wieder Freude am Leben finden

Zahlreiche Menschen durfte ich in der Zeit ihrer Trauer begleiten. Ich habe ihren Schmerz gespürt und miterlebt, wie sie sich für Wochen oder Monate von den meisten Mitmenschen und dem Leben »draußen« zurückzogen. Sie lebten mehr in der Vergangenheit als in der Gegenwart. Viele klammerten sich innerlich an den geliebten, verlorenen Menschen und versuchten zugleich verzweifelt, sich von ihm zu lösen. Sie gingen immer wieder die alten Wege der Erinnerungen und fühlten sich zwischendurch fast wie Verräter, wenn sie versuchten, neue und eigene Wege zu gehen.

Wer die Trauer annimmt und nicht vor ihr flieht, stellt unweigerlich fest, wie anstrengend diese Zeit ist. Sie kostet manchmal die letzten Kräfte. Sie zehrt den Trauernden innerlich aus. Doch diese Zeit ist überlebenswichtig. Nur wer die Trauer annimmt und sich ihr völlig stellt, kann auf Heilung hoffen. Wer die Trauer verdrängt, wird sie wie einen bösen Schatten nie mehr los.

Ich sage es gern so: »Die Trauer ist wie eine gute Freundin, die uns durch schwere Zeiten in ein neues Land begleitet.« Das heißt aber auch: Sie ist eine Freundin auf Zeit. Sie kommt, bleibt für ein paar Monate oder

manchmal sogar Jahre, geht wieder, kommt zurück, geht, kommt kurz zurück – um dann hoffentlich eines Tages ganz zu verschwinden.
Häufig begegne ich Menschen wieder, die ich zum letzten Mal während der Zeit ihrer Trauer gesehen habe. Was für eine Freude ist es dann für mich, wenn sie sichtlich aufgeblüht sind. Sie haben die schwere Phase gut verkraftet und sind ins Leben zurückgekehrt. Nein, sie haben den Verstorbenen nicht vergessen. Sie denken immer wieder einmal an ihn zurück, aber ohne dabei diesen furchtbaren Schmerz wie in der Trauerzeit zu verspüren. Sie erinnern sich an ihn eher mit einem Gefühl von tiefer Liebe und großer Dankbarkeit. Und manche sagen mir dann noch, dass der geliebte Mensch dort, wo er jetzt ist, bestimmt gut aufgehoben ist.
Wie gut, wenn Trauernde wieder Freude am Leben haben – und trotzdem dem Verstorbenen liebevoll verbunden bleiben!

35 Sich Herausforderungen suchen

Vielleicht geht es Ihnen auch so wie den meisten Menschen: Wenn Sie mit dem Auto zu einem bestimmten Ziel unterwegs sind, wählen Sie mit größter Wahrscheinlichkeit die Strecke, die Sie sonst auch fahren. Dort kennen Sie sich aus, kennen jede Kurve und Abzweigung und wissen genau, wo Sie Gas wegnehmen müssen, weil die Straße schmaler wird oder »geblitzt« wird.

Wenn Sie eine Veranstaltung besuchen, unterhalten Sie sich am liebsten mit Menschen, die Sie schon kennen. Sie sind Ihnen vertraut. So sind Sie sicher, dass Sie nicht zurückgewiesen werden und dass Sie auf jeden Fall Gesprächsstoff finden.

Wenn Sie essen gehen, wählen Sie meistens eines Ihrer drei oder vier Lieblingsrestaurants. Dort werden Sie persönlich begrüßt und fühlen sich willkommen. Sie kennen die Karte und wissen, was Ihnen besonders gut schmeckt und was Sie auf keinen Fall bestellen sollten. Dort, wo Sie sich auskennen, fühlen Sie sich sicher. Sie wissen in etwa, was Sie erwartet. Ist das langweilig? Nun, Überraschungen gibt es ja trotzdem genug: Auf der bekannten Strecke wird eine Baustelle eingerichtet. In Ihrem Lieblingsrestaurant ist ein neuer Koch eingestellt worden.

Wahrscheinlich reicht Ihnen das jedoch nicht. Viele, die sehr auf Sicherheit und das Gewohnte bedacht sind, stellen irgendwann fest: Mir fehlen die Herausforderungen. Ich möchte häufiger Neues kennenlernen und mich darauf einlassen.
Wahrscheinlich haben Sie längst erfahren, wie gut wirkliche Herausforderungen Ihrer persönlichen Entwicklung tun. Deshalb haben Sie sich entschieden, neue Wege zu gehen – auch wenn Sie nicht immer gleich wissen, wohin sie führen. Sie lassen sich auf Menschen ein, die Ihnen fremd sind. So wird Ihr Herz größer und Ihr Horizont weiter. Sie lassen sich auf unbekannte Speisen und Getränke, Sprachen und Klänge ein. Und Sie stellen fest: Durch jede Herausforderung, die Sie annehmen, wird Ihr Leben reicher und lebendiger.

36 Sonnenschein

Heute schien endlich wieder einmal die Sonne. Nachdem sie sich mehrere Tage lang nicht blicken ließ und der Himmel nur grau in grau war, kam sie endlich wieder zum Vorschein. Ich habe extra einen langen Umweg durch den Kurpark gemacht, als ich zu Fuß in die Stadt ging. Ich habe sie immer wieder angeblinzelt und konnte sie genießen. Mein etwas schleppender Gang der vergangenen Tage hatte sich in ein beschwingtes Schlendern verwandelt – ich glaube sogar, dass einige angedeutete Tanzeinlagen dabei waren. Ich fühlte mich glücklich und beschenkt.

Herzlich willkommen, liebe Sonne!

Jetzt am Abend spüre ich immer noch, wie gut sie mir tat. Meine gute Stimmung hält an. Gleichzeitig jedoch denke ich zurück an die Tage zuvor. Wie hatte ich mich nach mehr Licht und etwas Sonnenschein gesehnt! Und wie sehr hatte das schlechte Wetter die Gespräche bestimmt! Beim Einkaufen war das Wetter das Hauptgesprächsthema, und in jede Klage stimmten gleich mehrere Umstehende ein. Das Wetter führte uns sozusagen zusammen – als sonnenhungrige Menschen, die wieder einmal zu kurz gekommen waren.

Wie kommt es nur, dass wir in »dunklen« Stunden oft mehr Miteinander und Gemeinschaft finden als in den hellen, schönen Augenblicken? Wie kommt es, dass wir in schwierigen Zeiten lautstark klagen, aber in schönen Momenten nicht gemeinsam feiern und singen und tanzen und uns zulachen? Wie kommt es, dass wir so selten unserer Freude Ausdruck geben, dann, wenn der Grund zur Freude so offensichtlich ist?
Heute schien endlich wieder einmal die Sonne. Heute war für mich ein Feiertag. Der ganze Tag war ein Fest, auch wenn ich meine Arbeit nicht verschieben konnte. Aber ich erledigte sie mit einer anderen Einstellung und mit großer Freude.
Vielleicht lerne ich daraus. Vielleicht lege ich meinen Schwerpunkt in Zukunft nicht auf das Klagen, wenn sich die dunklen Wolken am Himmel türmen, sondern auf das Feiern, wenn der Himmel blau ist und die Sonne scheint. Haben Sie Lust, mitzufeiern?

37 Abwechslungsreiche Routine

Für viele Menschen ist das Leben irgendwann zur Routine geworden. Vielleicht haben sie es noch nicht einmal gemerkt. Sie spüren nur, dass irgendetwas nicht mehr stimmt. Sie tun fast immer dasselbe – nach der Arbeit ein Tee, dann auf die Couch, Fernseher an, etwas essen, am Sonntag kommen die Kinder, im Urlaub auf die Insel – und sind darin gefangen.

Grundsätzlich ist Routine nichts Schlechtes. Sie kann helfen, selbst schwierige Aufgaben zügig zu erledigen, bei der komplizierten Arbeit keine Fehler zu machen, Gespräche »professionell« zu führen und auf den Punkt zu bringen. Routine hat etwas mit Erfahrung und Wiederholung zu tun. Es ist schließlich nicht nötig, bei allem wieder von vorn anzufangen.

Doch Routine kann gefährlich werden.

Dann nämlich, wenn alles so wie immer sein muss.

Dann, wenn wir unsere Geschäfte nur noch »routinemäßig« abspulen, wenn unser Leben zu einem ungenießbaren Einheitsbrei wird und wir nicht mehr mit dem Herzen dabei sind.

Dann, wenn selbst »Liebe« immer gleich ist und wir immer seltener spontan sind und unser Herz sprechen lassen.

Dann, wenn unser Leben zur Routine erstarrt, wenn ein Tag wie der andere ist und wir bereits unser eigenes Denkmal sind – starr und unbeweglich.
Es ist höchste Zeit gegenzusteuern und uns vom Leben neu faszinieren und beschenken zu lassen. Wie das möglich ist? Vielleicht so:
Wir machen ab sofort vieles bewusst anders als bisher. Zum Frühstück gibt es nicht an jedem Tag ein Brötchen mit Käse und Marmelade. Heute gibt es einen Obstsalat, morgen Rührei und übermorgen Joghurt. Oder Tomaten. Oder Sekt. Hauptsache, immer mal was anderes.
So geht es den Tag über weiter. Für den Weg zur Arbeit wählen wir eine andere Strecke. Statt Fernsehen entscheiden wir uns, Freunde einzuladen. Statt zu jammern, wie schwer das Leben ist, überlegen wir, wofür wir heute dankbar sein können. Statt ins Hotel gehen wir in eine alte Berghütte. Statt Kreuzworträtsel zu lösen, lernen wir zu meditieren. Und statt auf der Couch zu liegen, gehen wir tanzen. Wie spannend, bunt und abwechslungsreich kann es sein – das Leben!

38 Ein freundlicher Gott

Welches Bild haben Sie von Gott? Steht er zornig und drohend hoch über Ihnen und rechnet Ihnen permanent all Ihre Fehler vor? Ist er so übermächtig und unnahbar, dass Sie sich durch ihn klein und niedergedrückt fühlen? Macht er Ihnen Angst? Ich hoffe nicht. Ich hoffe, Gott ist für Sie kein humorloser, liebloser Diktator, der Ihnen alle Freiheit nimmt.
Wie oft haben mir Menschen erzählt, dass sie sich enttäuscht vom Glauben abgewandt haben, weil sie in Gott weder den guten Vater noch den liebevollen Tröster sehen können. Sie können ihn weder lieben, noch können sie vertrauensvoll zu ihm beten.
Vielleicht tragen manche Christen zu diesem verzerrten Gottesbild bei, weil sie gedrückt und freudlos erscheinen und ständig versuchen, ihre Mitmenschen zu kritisieren und ihnen ein schlechtes Gewissen zu machen. Wir brauchen keine Christen, die sich als Moralapostel oder Besserwisser aufspielen. Wir brauchen Christen, die eine tiefe Freude ausstrahlen und die uns liebevoll begegnen.
Wie gut, wenn wir an einen Gott glauben können, der uns bedingungslos liebt und der uns groß macht, statt uns niederzudrücken!

Wie gut, wenn wir einem Gott vertrauen, der uns Freude schenkt, statt uns das Lachen zu nehmen!
Wie gut, wenn wir glauben, dass Gott uns die Fülle des Lebens ermöglicht, statt uns nichts zu gönnen und alles zu nehmen!
Wie gut, wenn wir Gottes Nähe suchen, weil wir bei ihm Schutz und Liebe und Lebensfreude erfahren!
Der Psalmdichter hat solche positiven Erfahrungen gemacht und kann ein Lied davon singen: »Freundlich ist der Herr, und ewig währen seine Gnade und seine Wahrheit« (Psalm 100,5).
Freuen können sich alle, die es ähnlich sehen wie der Psalmdichter. Freuen können sich alle, die von Herzen bezeugen: Freundlich ist Gott, der mich lächelnd und mit offenen Armen erwartet, auch wenn ich lange Zeit nichts von ihm wissen wollte. Ich will seine Einladung gern und dankbar annehmen. So eine Freude am Glauben und an Gott wünsche ich Ihnen.

39 Die unheimlich schöne Natur

»Unheimlich ist das, unheimlich schrecklich!«, so platzt es manchmal aus Kindern heraus, die ein Gewitter miterleben. Ängstlich kuscheln sie sich an die Mutter oder den Vater oder ziehen die Bettdecke über ihren Kopf. Die meisten Kinder haben große Angst vor den Naturgewalten, vor Gewitter, Hagel oder Sturm. Sie fürchten sich, wenn es dunkel oder finster ist. Wenn sie bei Dunkelheit allein unterwegs sind, können sie schnell in Panik geraten.
Auch viele Erwachsene fühlen sich von den »Launen« und Gewalten der Natur bedroht. Überall lauern für sie Gefahren – sei es in Form von Pollen oder Bakterien, oder als Hochwasser, Wirbelsturm oder als eine ausgedehnte Trockenperiode. Und sie malen sich aus, was für schreckliche Ereignisse in Zukunft noch passieren können. Alles ist unheimlich, unheimlich schrecklich!
Glücklicherweise sehen die meisten Menschen auch die andere Seite der Natur. Ihnen ist bewusst, dass es in der Natur das Kleine und Zarte ebenso gibt wie das Große und Mächtige. Sie sehen die Gefahren, aber auch die fantastische Schönheit, die Gefährdungen, aber auch die Möglichkeiten. Sie stehen ehrfürchtig vor den Gewalten und unzähmbaren Kräften der Schöp-

fung, aber auch vor der unvorstellbaren Vielfalt und dem Reichtum.
Manchen gelingt es sogar, noch einen entscheidenden Schritt weiter zu gehen. Sie beginnen, das Gewitter und das tosende Meer zu lieben, weil sie es nicht mehr nur als Bedrohung ansehen, sondern als Ausdruck des Lebens. Sie lieben die Dunkelheit, weil sie genauso zum Leben gehört wie das Licht. Sie lieben das Unwetter und den Sturm genauso wie das laue Lüftchen, weil sich gerade in dieser Unterschiedlichkeit ihr eigenes Leben widerspiegelt.
Manche Menschen schauen fasziniert bei einem Gewitter zu, und plötzlich platzt es aus ihnen heraus: »Unheimlich ist das, unheimlich schön!« Sie kennen dieses Gefühl auch, völlig überwältigt zu sein von den vielen Farben und Ausdrucksformen der Schöpfung? Herzlichen Glückwunsch!

40 Mehr als reiner Zufall

Die Naturwissenschaft kann uns nichts über Gott sagen. Sie muss sich schließlich an nachprüfbare Fakten halten, an messbare Ergebnisse. Das ist ihre begrenzte Aufgabe, und die Grenzen sollte sie nicht überschreiten. Gott ist für die Naturwissenschaft kein Thema.

Über die Entstehung der Welt und des Menschen kann sie Theorien entwickeln. Diese müssen allerdings auf die Vorstellung eines Schöpfergottes verzichten. Denn Gott entzieht sich aller Nachprüfbarkeit und allen Messungen.

Manchmal stelle ich mir vor, wir wären bei der Suche nach dem Sinn des Lebens und nach unserer Herkunft allein auf die wissenschaftlichen Erklärungen angewiesen. Manchmal stelle ich mir vor, es würde nur ein »Zufall« sein, dass ich lebe: *Zufällig* haben sich meine Eltern getroffen, *zufällig* haben sie ein Kind gezeugt, *zufällig* wurde es geboren, *zufällig* lebt es für eine kurze Zeit, und *zufällig* stirbt es eines Tages.

Mir behagt so eine Vorstellung nicht. Deshalb bin ich froh und dankbar über meinen Glauben. Nein, nicht gegen die Naturwissenschaft glaube ich. Glaube und Naturwissenschaft haben zwei völlig unterschiedliche Aufgaben.

Mein Glaube sagt mir, dass ich kein »Zufall« bin. Ich bin davon überzeugt, dass es jemanden gibt, der mir das Leben geschenkt hat, der sich schon vor meiner Geburt auf mich gefreut hat und der mich liebt, was immer auch in meinem Leben geschieht. Ja, der mich auch dann liebt, wenn ich nichts mit ihm zu tun haben will.

Sie haben das vielleicht selbst schon erlebt: Wenn wir mit jemandem glücklich sind, wenn wir über den Sonnenaufgang staunen oder von der Hilfsbereitschaft anderer Menschen überwältigt sind, können wir nicht länger glauben, dass alles nur durch Zufall entstanden ist. Manchmal sind wir so begeistert vom Leben, dass wir es nur als ein kostbares Geschenk ansehen können. Ja, manchmal fühlen wir uns mit unseren Mitmenschen und der ganzen Natur so sehr verbunden, dass wir uns als Teil einer wunderbaren Schöpfung erleben.

41 Nicht die Hoffnung verlieren

Schließen Sie sich auch manchmal der pessimistischen Meinung Ihrer Mitmenschen an und stellen resigniert fest: »Da gibt es wohl keine Hoffnung mehr!« Ich denke dabei an eine liebe Nachbarin, die schon seit Wochen im Krankenhaus lag. Keine Hoffnung mehr? Oder an den Sohn einer guten Freundin, der in der Schule riesige Probleme hatte und bei wichtigen Arbeiten und Prüfungen immer wieder versagte. Keine Hoffnung mehr? Und mir fällt eine gute Bekannte ein, die wegen ihrer Schulden kaum noch schlafen konnte und sich überlegte, ihren geliebten kleinen Laden demnächst endgültig zu schließen. Keine Hoffnung mehr?

»Keine Hoffnung mehr!«, das hat wohl jeder schon einmal gedacht. Bei einem Paar aus unserem Freundeskreis war es für mich nur noch eine Frage der Zeit, bis die beiden sich trennen würden. Immer häufiger ging jeder seinen eigenen Weg, und immer seltener hatten sie Zeit füreinander. Den gemeinsamen Urlaub in Frankreich bezeichneten sie vorher als letzten Versuch. Ich hätte gewettet … doch dann kamen sie völlig verändert aus dem Urlaub zurück. Sie blickten sich liebevoll und glücklich an und machten den Eindruck, frisch verliebt zu sein. Das hätte ich nicht für möglich gehalten!

Wie gut, wenn den Menschen eine Hoffnung bleibt! Wie gut, wenn sich diese Hoffnung dann bewährt – und vielleicht sogar erfüllt! Manchmal ist die Hoffnung sogar wie eine gute Freundin, die uns am Leben hält und uns immer wieder neue Freude schenkt. Ein Lob der Hoffnung!
Übrigens: Die kranke Nachbarin starb wenige Monate später. Sie war sehr gläubig und sagte kurz vor ihrem Tod: »Zum Glück habe ich noch eine andere Hoffnung!« Der Sohn der Freundin musste die Schule wechseln, aber blühte dort zusehends auf und schaffte später einen guten Schulabschluss. Und die Frau mit den Schulden schloss tatsächlich ihren Laden, machte eine Umschulung und ist in ihrem neuen Beruf zufriedener als jemals zuvor.
Wie gut, wenn wir uns die Hoffnung nicht nehmen lassen, sondern an ihr festhalten!

42 Mitgefühl und Hilfe

Von manchen Menschen wird gesagt, sie würden kein Mitgefühl kennen. Vielleicht stimmt das in einzelnen Fällen sogar. Doch die meisten Menschen, so behaupte ich, sind zu Mitgefühl fähig. Es tut ihnen weh, wenn Kinder vernachlässigt werden. Sie fühlen mit, wenn Freunde schwer erkranken.

Wir kennen das. Wir empfinden Mitgefühl mit der Frau in der Nachbarschaft, die allein drei Kinder erzieht und kürzlich ihren Teilzeitjob verlor. Uns tut der Familienvater leid, der nach einem unverschuldeten Autounfall im Rollstuhl sitzt. Wir trauern mit der alten Nachbarin, deren Hund kürzlich überfahren wurde.

Mitgefühl zeigt uns, dass wir über uns selbst hinaussehen können. Unsere Gedanken kreisen nicht nur um uns und unser eigenes Wohl. Wir wünschen nicht nur uns selbst Gutes, sondern auch unseren Mitmenschen.

Oft wird aus dem Mitgefühl mehr. Wir engagieren uns, und zwar auf unterschiedliche Weise:

Wir hören zu.

Wir trösten.

Wir bieten Hilfe an.

Wir ermutigen.

Wir unterstützen.

Wir tun, was wir tun können, um das Leid zu lindern. Damit zeigen wir denen, die Leid erfuhren, dass sie nicht allein sind. Wir zeigen zugleich, dass die meisten Menschen nicht kalt und grausam sind, sondern mitfühlend und bereit, zu helfen und zu teilen.

Vielleicht laden wir die Kinder der alleinerziehenden Mutter zu uns ein, damit die Frau Zeit hat, sich auf eine neue Arbeitsstelle zu bewerben. Wir helfen unseren Mitmenschen auf diese oder jene Weise, je nach unseren Möglichkeiten.

Ein wirkliches Wunder der Menschlichkeit aber geschieht dort, wo wir Mitgefühl mit denen empfinden, die wir gar nicht kennen, und uns für sie einsetzen. So kommt es immer wieder vor, dass weit entfernt eine Hungersnot herrscht, und Menschen sich persönlich angesprochen fühlen. Wir erfahren von Überschwemmungen, Erdbeben, von Not und Ausbeutung – und öffnen unser Herz für die Betroffenen. Wenn dann aus vielen Teilen der Erde Zuspruch und materielle Hilfe kommen – sind das nicht wunderbare Zeichen der Menschlichkeit?

43 Probleme lösen

Probleme können einem das ganze Leben verderben. Die meisten Menschen mögen keine Probleme. Je mehr Probleme jemand hat, so denken sie, umso weniger Lebensfreude hat er.

Wir versuchen, uns daher vor unseren Problemen zu drücken. Wir ignorieren sie, solange das irgendwie möglich ist. Wir laufen vor ihnen weg. Wir schieben sie vor uns her. Doch wir wissen auch: Das ist keine Lösung. Im Gegenteil! Denn so können die kleinen Probleme ungestört wachsen, bis es große Probleme sind und eines Tages keine Flucht mehr möglich ist. Dann haben wir keine Probleme mehr, sondern die Probleme haben uns.

Wir sollten uns unserem Problem stellen, und zwar nicht irgendwann, sondern möglichst sofort. Damit beginnt allerdings erst einmal eine Zeit, die nicht leicht ist. Ein Problem zeigt, dass wir uns »bewegen« müssen. Wir müssen uns selbst gegenüber schonungslos ehrlich sein – wer ist das schon gern? Wir müssen uns von manchen lieb gewordenen Gedanken lösen – das kann wehtun. Wir sollten einem Menschen deutlich unsere Meinung sagen – was für eine Herausforderung! Wir müssen auf etwas Schönes verzichten – wie schade! Wir

müssen einen Fehler eingestehen – wo wir doch sonst stets versuchen, uns herauszureden. Wir sollten diesen oder jenen schmerzhaften Schritt tun. Es ist schwer, aber wichtig und glücklicherweise auch heilsam.
Irgendwann haben wir dann hoffentlich die notwendigen Konsequenzen gezogen, auf die uns das Problem hinweisen wollte. Wir haben die Herausforderung angenommen und das Problem vielleicht sogar schon gelöst. Und etwas Wichtiges ist geschehen: Wir sind innerlich gewachsen. Wir sind reifer geworden und haben uns selbst besser kennengelernt.
Wer seinen Kopf nicht in den Sand steckt, sondern mutig seine Probleme löst, wird häufiger als andere das Leben genießen können. Wahre Lebensqualität erreichen wir eben nicht durch Weglaufen. Jedes gelöste Problem ist ein Grund, fröhlich zu feiern und zuversichtlich in die Zukunft zu blicken.

44 Das Geschenk der Liebe

Die meisten kleinen Kinder machen die wichtige Erfahrung, dass sie von ihren Eltern geliebt werden. Eltern stellen dafür keine Bedingungen, das ist für sie selbstverständlich. Wie wichtig diese »geschenkte« Liebe ist, zeigt sich an den Menschen, die dieses Geschenk nur selten erfahren haben. Mancher Erwachsene kann deshalb heute nicht lieben, weil er oder sie als Kind Sätze hörte wie diesen: »Mama hat dich erst wieder lieb, wenn du brav bist!«

Liebe ohne Bedingungen, das ist die Voraussetzung für eine glückliche Kindheit und ein psychisch gesundes Aufwachsen. Liebevolle Erwachsene wurden als Kinder wahrscheinlich sehr geliebt.

Auch die Liebe Gottes ist ein Geschenk, erfahre ich in der Bibel. Anders als geschenkt könnten wir seine Liebe wohl gar nicht ertragen.

Manche Menschen haben die Erfahrung gemacht, dass sie sich unerwartet von Gott beschenkt fühlten. So denke ich immer wieder an Yoachim, den ich vor vielen Jahren in den Vereinigten Staaten traf: Bei einem Frühstück in der Nähe von Washington lernte ich ihn kennen. Yoachim erzählte mir, dass er gegen Anfang des Zweiten Weltkrieges als Jude in Polen geboren wurde. Der größte Teil seiner Verwandtschaft wurde im Konzentrationslager ermordet. Bis vor drei Jahren, so versicherte er mir, sei das stärkste Gefühl in seinem Leben der Hass auf die Deutschen gewesen.

Als Yoachim eine Zeit lang Vorarbeiter auf einer Bohrinsel war, wurde ihm eine Gruppe deutscher Facharbeiter als Kollegen angekündigt. Er sagte seinem Chef nur einen Satz: »Wenn einer von denen etwas gegen Juden sagt, bringe ich ihn um!« Daraufhin bekam er eine andere Gruppe zugeteilt. Damals hatte er nie auch nur im Traum gedacht, jemals mit einem Deutschen ein Wort zu wechseln.

Doch dann machte Yoachim eine wichtige Glaubenserfahrung. Ihm wurde deutlich, dass Gott jeden Menschen liebt. Und sein Hass, wie er mir lächelnd sagte, wurde durch Gottes Liebe langsam verwandelt. Als wir uns verabschiedeten, nahm er mich in den Arm. Ich konnte es kaum fassen: Ein Wunder der Liebe Gottes! Aus Hass war Liebe geworden.

45 Begeistert leben

Die meisten Erwachsenen lassen sich gern von der Spielfreude und Begeisterung kleiner Kinder anstecken. Sie haben wahrscheinlich eine Ahnung davon, dass dort ein Schatz zu finden ist, der ihr Leben wieder reich machen kann. Es ist schließlich derselbe Schatz, den sie vor langer Zeit schon einmal selbst besaßen und den sie dann irgendwann im Laufe der Jahre verloren haben. Ein Leben, das nur aus Routine und Pflicht, aus Selbstüberwindung oder Langeweile besteht, ist kein Leben. Es ist vielmehr eine Quälerei für alle Beteiligten. Das gilt ebenso für den Glauben eines Menschen. Wenn er nur aus Pflicht und Selbstüberwindung und der Erfüllung von als überholt empfundenen Geboten besteht, ist er sinnlos und dem Leben in keiner Weise zuträglich. Auch der christliche Glaube braucht Begeisterung. Er braucht, in religiöser Sprache ausgedrückt, Gottes guten, lebendigen Geist. Selbst die Jünger Jesu strahlten erst etwas Besonderes aus, als sie begeistert wurden. Ihre Botschaft und ihr Glaube wirkten erst dann ansteckend, als der »Geist« sie zu Pfingsten verändert hatte.

Ich erinnere mich an ein Interview mit dem Chef eines renommierten, internationalen Hotels. Auf die Frage, welche Qualitäten ihm bei seinen Mitarbeiterinnen und Mitarbeitern am wichtigsten seien, antwortete er nur: »Wer durch diese Tür in mein Hotel kommt, freundlich lächelt und Begeisterung ausstrahlt, kann hier sofort anfangen zu arbeiten.«

Das ist es, was dem Leben und Zusammenleben eine besondere Qualität gibt: Echte Begeisterung! Lust am Miteinander! Freude am Sein und am Tun! Wahrscheinlich begegnet uns allen das viel zu selten. Wahrscheinlich wusste der Hoteldirektor, wie kostbar diese Eigenschaften und Gaben sind.

Wer das am eigenen Leib erfahren hat – diese Freude am Leben, diese überschäumende Begeisterung und die grenzenlose Liebe zum Mitmenschen –, kann ein Lied davon singen und wahrscheinlich viele andere animieren, fröhlich mitzusingen.

46 Ein Glaube, der »groß« macht

Ist der Glaube hilfreich für ein gesundes Selbstwertgefühl, für Lebensfreude und Liebesfähigkeit? Manche Menschen meinen, Glaube führe häufig zu Rückzug von der Welt mit all ihren Problemen, zu mangelndem Selbstwertgefühl und zu religiösen Neurosen.
Ich habe mehrfach erfahren, dass Glaube und Religion missbraucht werden, um Menschen zu demütigen oder abhängig zu machen. Ich habe erlebt, wie Menschen unter destruktiven Gottesbildern leiden. Ich wünsche Ihnen, dass Sie Glauben völlig anders erleben:

Ich wünsche Ihnen einen Glauben,
durch den Sie groß werden
und aufrecht gehen können.
Ich wünsche Ihnen, dass Sie sich bei dem,
was Sie denken, planen und tun,
nicht nach den anderen richten
und erst recht nicht nach dem,
was »man« gerade denkt oder tut.
Ich wünsche Ihnen einen Glauben,
der Sie liebesfähig macht
und Sie darin bestärkt, mit anderen
vertrauensvoll zusammenzuarbeiten.

Ich wünsche Ihnen einen Glauben,
der Ihnen gute Träume und Visionen schenkt.
Ich wünsche Ihnen, dass Sie Ihre Gefühle
kennenlernen und auch die Gefühle
Ihrer Mitmenschen ernst nehmen.
Ich wünsche Ihnen einen Glauben,
der Ihnen in jeder Situation Hoffnung schenkt
und Ihnen zeigt, wie sehr Sie
von Gott geliebt sind.

47 Auf und Ab

Vor einigen Jahren nahm der Schmerz in meinen Schultern und meinem Rücken, den ich schon länger gespürt hatte, immer weiter zu. Sitzen, Schreibtisch, falsche Haltung – ich musste dringend etwas unternehmen. Da empfahl mir jemand ein Trampolin. Nicht so ein riesiges Gerät, um akrobatische Saltos zu springen, sondern ein Minitrampolin mit 1,25 Meter Durchmesser zum »sportlichen Schwingen«. Und bald spürte ich, wie gut mir und meinem Rücken diese Bewegung tat. Die Schmerzen sind übrigens bis heute nicht mehr zurückgekehrt.

Heute ist die Zeit auf dem Trampolin für mich längst fast so etwas wie Meditation geworden: Ich konzentriere mich völlig auf meinen Rhythmus des Auf und Ab. Ich schwinge und lebe im »Rhythmus des Lebens«.

Auf dem Trampolin kamen mir die folgenden Gedanken:

»Manchmal bin ich ganz oben,
unbesiegbar, erfolgreich,
stolz auf das, was ich erreicht habe,
was ich bin und was ich weiß.

Manchmal bin ich ganz unten,
bedrückt von Schuld,
enttäuscht von meinen Mitmenschen,
verunsichert durch eigene Fehler und Irrtümer,
mutlos und ohne Vertrauen.
Ich würde mich nicht mögen,
wenn ich nur oben oder nur unten wäre.
Beides ist nur erträglich
zusammen mit dem anderen.
Beides hat mich geprägt
und zeigt mir, wie ich bin:
stark und schwach,
hart und sensibel
und immer wieder verliebt ins Leben.«

48 Mitmenschlichkeit

Vor einigen Jahren arbeitete ich an einem Buch über Nächstenliebe und Mitmenschlichkeit, Ehrenamt und bürgerschaftliches Engagement. Schon nach kurzer Zeit wurde mir deutlich, dass so ein Buch nicht allein am Schreibtisch entstehen kann. So entschloss ich mich zu einem »Ortswechsel«. Ich besuchte Menschen, die sich für andere einsetzen – in Deutschland, Österreich und der Schweiz. Wochenlang war ich unterwegs, hatte Einblick in die unterschiedlichsten Bereiche, und vor allem lernte ich viele wunderbare Menschen kennen. Ich denke an Marie-Luise aus Tübingen. Sie arbeitet jeden Winter mit ihrem Mann mehrere Wochen in der Obdachlosenunterkunft der Berliner Stadtmission mit, ehrenamtlich! Eines Tages kommt Mario zu ihr. »Liesel, bitte hilf mir!« Seine Beine sind völlig kaputt, der Verband ist längst eingewachsen. Sie überwindet sich, reinigt vorsichtig die Wunden und wäscht ihm danach auch noch die Füße. Am nächsten Tag ist er wieder da. »Mach es noch mal. Das war so wunderbar!«

Ehrenamtlich mit Menschen zu arbeiten, die Hilfe brauchen, das geht nur mit viel Liebe und Engagement. Vor allem: Es geht nur auf Augenhöhe, sozusagen von

Mensch zu Mensch. Hilfe von oben nach unten ist menschenverachtend und nimmt beiden Seiten ihre Würde.

Ich denke an Peter aus Mannheim, der einem Armenier aus dem Iran dabei hilft, sich in seiner neuen Heimat zurechtzufinden, die Sprache zu lernen und einen Arbeitsplatz zu finden. Als ich die beiden erlebe, habe ich den Eindruck, dass sie längst gute Freunde geworden sind.

Da ist Renate, die regelmäßig eine Wohngemeinschaft für Alzheimerkranke besucht und die sich ihr Leben ohne die Besuche und die Menschen dort kaum noch vorstellen kann.

Was für ein Reichtum, so kam es mir in diesen Wochen oft in den Sinn. Und mit dem Reichtum meinte ich einzig und allein die Menschen – ihre Liebe und Geduld, ihre Hoffnung und Freude, ihr Lachen und ihre Dankbarkeit, ihre Sehnsucht und ihr manchmal unfassbares Vertrauen.

49 Zu sich selbst freundlich sein

Wer das Leben lieben will, sollte auch sich selbst lieben und liebevoll begegnen. Umgekehrt gilt: Wer sich selbst ablehnt, wird auch das Leben ablehnen. Und wer sich selbst schlecht behandelt, wird sich auch schlecht fühlen und irgendwann mit seinem Leben nicht mehr klarkommen.

Schade, dass so viele Menschen äußerst schlecht mit sich umgehen! Sie »pflegen« ihren Ärger, bis er unerträglich wird, und tun nichts gegen ihre schlechte Laune. Sie lassen ihre Verletzungen nicht heilen und laufen vor den meisten Problemen davon. Sie essen und trinken zu viel und bewegen sich zu wenig. Sie sind mit dem Leben unzufrieden und tun nichts dafür, ihre Situation zu verbessern.

Warum das so ist?

Im tiefsten Grunde halten sie sich nicht für liebenswert. Wir können nur hoffen und beten, dass sie dieser Falle entkommen. Und wir können sie dabei unterstützen: Indem wir ihnen zeigen, dass wir sie für liebenswert halten. Indem wir ihnen deutlich machen, wie kostbar und wichtig sie für uns sind. Indem wir ihnen immer wieder sagen, wie viel sie uns bedeuten.

Menschen, die zu sich selbst freundlich sind, strahlen auch auf andere aus. Sie tun etwas für ihr Glück und geben davon auch ihren Mitmenschen etwas ab. Sie achten auf gute Gefühle und eine gute Atmosphäre: Vielleicht haben sie sich angewöhnt, lächelnd in den Spiegel zu blicken. Das Lächeln kommt zu ihnen zurück – und wird dadurch auch andere erfreuen. Vielleicht gönnen sie sich selbst nach einem langen Arbeitstag ein paar Stunden echter Erholung – unterwegs mit dem Kanu, zu Fuß auf den Berg oder in fröhlicher Runde im Garten. Das tut ihnen gut und ebenso ihren Mitmenschen.

Das Leben feiern, das können all jene besonders gut, die sich öfter einmal Gutes tun, die sich ihren Problemen stellen und die fest daran glauben, dass sie geliebt werden. Und die anderen? Die werden hoffentlich neugierig sein, die Feiernden beobachten – und sich eines Tages von ihrer Lebensfreude und Liebe anstecken lassen.

50 Erfolge feiern

Der Weg zum Erfolg führt häufig über eine Reihe von Misserfolgen. Das haben Sie bestimmt auch schon erfahren müssen. Aber Sie haben sich durch Niederlagen hoffentlich niemals kleinmachen lassen. Vielleicht akzeptieren Sie schon immer Misserfolge als Hinweise darauf, etwas zu verändern oder besser zu machen. Vielleicht warten sie noch eine Zeit, bevor Sie es wieder versuchen, um erst einmal intensiv an sich zu arbeiten. Vielleicht lernen Sie dazu, trainieren fleißig oder informieren sich über andere Möglichkeiten, zum Ziel zu kommen. Vielleicht stecken Sie Ihr Ziel auch erst einmal etwas niedriger.

Leider gibt es viele Menschen, die durch einen Misserfolg schnell aus der Bahn geworfen werden. Die Niederlage im sportlichen Wettkampf, die verlorene Wahl, die schlechte Note in der Prüfung, die missratene Geburtstagstorte, der verpatzte Auftritt – sofort ist das Selbstwertgefühl im freien Fall.

Manche trauen sich schließlich gar nichts mehr zu. Deshalb gehen sie überhaupt kein Wagnis mehr ein, um sich und andere nicht wieder enttäuschen zu müssen. Sie nehmen keine Herausforderungen mehr an. Was für ein trostloses Leben!

Bei Ihnen ist das anders, so hoffe ich. Sie machen weiter. Und irgendwann erleben Sie das wunderbare Gefühl, dass sich der Erfolg doch noch einstellt. Dann sind alle Mühe, aller Schmerz und alle Einschränkungen schnell vergessen. Sie haben es geschafft! Herzlichen Glückwunsch!

Wahrscheinlich denken Sie dann auch voller Dankbarkeit an jene Menschen, die Sie bei Ihren Versuchen begleitet, die Sie unterstützt und immer wieder ermutigt haben. Vielleicht waren es die eigenen Eltern oder Kinder, vielleicht gute Freunde oder Kollegen, die an Sie geglaubt haben. So etwas ist ein großes Geschenk. Wenn Sie dann Ihre Erfolge feiern, werden Sie es sicher nicht alleine tun, sondern gemeinsam mit diesen Menschen! Das wird ein Fest, das Sie genießen und so schnell nicht vergessen werden! Und wahrscheinlich freuen Sie sich schon längst auf die nächsten Aufgaben und Herausforderungen.

51 Gern teilen

Sicher können Sie für vieles in Ihrem Leben dankbar sein. Vielleicht leben Sie in einer glücklichen Familie, sind relativ gesund und beweglich und finden auch in schwierigen Situationen meistens einen Ausweg. Vielleicht leben Sie in einem schönen Haus und haben genug Geld, um sich täglich satt zu essen und ab und zu ein paar schöne Dinge zu leisten. Sie verfügen über einige besondere Gaben und Fähigkeiten. Vielleicht können Sie gut reden und zuhören und besitzen einen gesunden, erfrischenden Humor.

Sie können für vieles dankbar sein. Dankbarkeit heißt: Sie empfinden das alles nicht als selbstverständlich. Sie fühlen sich reich beschenkt. Reich beschenkt? Dieses Gefühl ist nur auszuhalten, wenn Sie bereit sind, Ihr Glück mit anderen zu teilen und mit Ihren Möglichkeiten anderen zu helfen.

Dabei ist wichtig: Sie helfen Ihren Mitmenschen, weil Sie es wollen, und nicht, weil Sie dazu gedrängt werden. Sie tun Gutes stets aus freien Stücken und nicht, weil es von Ihnen erwartet wird. Sie teilen, was Sie haben, weil Sie Ihren »Reichtum« nicht für sich allein genießen können.

Wenn Sie helfen, so nehme ich an, werden Sie niemanden beschämen oder zu einer Gegenleistung verpflichten. Sie wollen nicht für Ihre Taten und Ihre Großzügigkeit bewundert werden. Sie wollen auch niemanden von sich abhängig machen, sondern dazu beitragen, dass jeder Mensch so selbstbewusst und selbstständig wird wie möglich. Und vor allem: Sie wollen keine Dankbarkeit provozieren oder sogar einfordern. Sie helfen, weil Sie die Menschen lieben und weil Sie gern teilen. Sie lassen sich nicht ausnutzen, darauf achten Sie schon. Aber Sie können sehr großzügig sein. Und wenn jemand Ihnen dafür dankt, nehmen Sie den Dank gern an.

Wie gut, dass so etwas möglich ist: Menschen fühlen sich reich beschenkt und freuen sich, etwas davon mit anderen zu teilen. Wie gut, wenn Schenkende und Beschenkte sich auf Augenhöhe begegnen! Wie gut, wenn Menschen gemeinsam das Leben feiern – voller Hoffnung und Liebe und reich beschenkt!

52 Das Lächeln suchen

Ein Lächeln ist kostbar, vor allem dann, wenn weit und breit keins zu sehen ist. Das wird uns dann besonders deutlich, wenn wir von lauter unfreundlichen Gesichtern umgeben sind. Ein Lächeln vermissen wir, wenn alle ernst blicken oder den Eindruck erwecken, völlig desinteressiert zu sein. Ein Lächeln wünschen wir uns, wenn wir mit uns unzufrieden sind und uns selbst nicht mehr mögen. Ein Lächeln brauchen wir, wenn es aussieht, als würden alle um uns herum niedergedrückt oder unglücklich sein.

Ein Lächeln ist kostbar, und es lohnt sich, danach Ausschau zu halten. Wir müssen nur ein wenig suchen und dafür offen sein – und schon begegnet es uns. Wo? Vielleicht schon zu Hause in unserer Familie, vielleicht bei dem Stand mit den Handtüchern im Kaufhaus, vielleicht auf dem Fußgängerüberweg oder mitten auf dem Hauptbahnhof.

Vielleicht sitzen wir hinter dem Steuer unseres Wagens, ärgern uns über den Stau – und erhalten plötzlich aus dem Auto nebenan ein freundliches Lächeln geschenkt. Vielleicht kommen wir im letzten Augenblick bei der wichtigen Versammlung an, sind völlig gestresst – und jemand zwinkert uns lächelnd zu. Vielleicht streiten

wir uns wegen einer dummen Kleinigkeit – und nach einem wortreichen Hin und Her lächelt unser Gegenüber plötzlich, als wollte er sagen: Das ist den ganzen Streit doch gar nicht wert!
Na also, jemand lächelt uns freundlich zu! Und egal, wie unsere Stimmung vorher war, wie sehr wir uns geärgert haben oder wie einsam wir uns fühlten – wir lächeln zurück. Und für einen kurzen Augenblick liegt ein Zauber über der Situation. Dieser Zauber kann unsere Stimmung aufhellen und uns vielleicht den ganzen Tag verschönern.
Also lohnt es sich immer, dass wir uns auf die Suche nach einem Lächeln machen. Allerdings kann es eine Zeit lang dauern, bis wir fündig werden. Wenn wir die Zeit abkürzen wollen, gibt es ein sicheres Rezept: Nicht lange warten, sondern einfach zuerst lächeln. Die Antwort kommt meistens umgehend!

53 Freude am Besitz

»Nein, ich verreise nicht mehr. Das kann ich mir nicht leisten. Und außerdem lasse ich unser Haus nicht allein, hier in der Gegend wird so oft eingebrochen.« Sie wohnt am Rande der Großstadt in einer alten Villa. Der ehemals herrschaftliche Garten ist bereits ziemlich verwildert, sie schafft die Arbeit einfach nicht mehr. Ob sie das Haus nicht verkaufen will? »Mein Mann würde sich im Grab umdrehen. Ich musste ihm versprechen, mich nie von dem Haus zu trennen.«

Schade! Voller Angst lebt sie allein in dem inzwischen viel zu großen Haus. Sie ist stolz auf die alten Möbel und die teuren Bilder. Aber einen Gärtner oder Handwerker kann sie sich nicht leisten.

Es gibt so viele Menschen, die Reichtum angehäuft haben, aber nicht glücklich sind. Manche besitzen von Jahr zu Jahr mehr und sind trotzdem nicht zufrieden. Sie können sich an ihrem Besitz nicht erfreuen.

Viele empfinden ihn sogar als Last. Schließlich müssen sie ihn verstauen, versichern, in Ordnung halten, reparieren und bewachen. Trotzdem sind sie nicht bereit, wenigstens auf einen Teil davon zu verzichten.

Ein großer Teil der menschlichen Sorgen hat mit Besitz zu tun, mit toten Dingen. Manche sorgen sich Tag und

Nacht um all das, was ihnen doch die Luft zum Atmen nimmt. Sie haben Angst, es zu verlieren und plötzlich mittellos dazustehen. Sie träumen vom Börsencrash oder von bewaffneten Diebesbanden, von Motten und Hochwasser.

Wie gut, dass es auch anders geht! Wie gut, wenn wir uns an Dingen erfreuen, die unser Leben wirklich bereichern! Wie gut, wenn es Besitz gibt, der nicht nur uns guttut, sondern auch unseren Mitmenschen! Wie gut, wenn wir über einen inneren Reichtum verfügen, der nicht belastet, sondern frei macht!

Nein, Besitz ist nicht grundsätzlich schlecht. Zumindest nicht, solange wir die Dinge besitzen und nicht die Dinge uns. Und solange uns Menschen immer wichtiger sind als Gegenstände, und seien sie noch so »wertvoll«.

Darum: Lassen Sie uns genießen, was wir haben, und verzichten auf alles, was uns nicht guttut.

54 Das Leben auskosten

Die Diagnose des Arztes im Krankenhaus traf ihn völlig unvorbereitet: »Leider unheilbar!« – »Wie lange habe ich noch zu leben?«, fragte er wie betäubt nach. Der Arzt antwortete betont sachlich: »Das kann niemand genau sagen. Vielleicht noch sechs Monate, vielleicht auch weniger.«

Während der nächsten Tage konnte er kaum klar denken. Sollte er jetzt grollend dem Sterben entgegendämmern? Doch nach einer Woche fasste er einen Entschluss: Die restliche Zeit, die ihm noch blieb, würde er versuchen, so intensiv wie möglich zu leben. Und tatsächlich, sein Leben wurde noch einmal richtig »lebendig«. Er verbrachte wunderschöne Tage mit seiner Frau in ihrem kleinen Lieblingshotel. Er traf sich nach und nach mit seinen besten Freunden. Dabei wurde mehr gelacht als geweint. Er besuchte ein Konzert seiner Lieblingssängerin, wozu er sich früher nie die Zeit genommen hatte. Er söhnte sich mit den Nachbarn aus. Er zündete manche Kerze an und sprach manches stille Gebet. Er ging sogar einige Male mit seiner Frau tanzen, solange er es noch konnte.

»Das war meine schönste und intensivste Zeit!«, sagte er, als er schon nicht mehr allein gehen konnte. Wie

gut, dass er sich entschieden hatte, nicht zu grollen, sondern das Leben auszukosten! Wie gut, dass es ihm gelang, das Leben zu feiern!
Das Gefühl, noch unendlich viel Zeit zu haben, hindert viele daran, endlich zu leben. Hoffentlich müssen wir nicht erst auf die furchtbare Diagnose warten! Es gibt schließlich auch schon vorher die Möglichkeit, »mehr« aus dem eigenen Leben zu machen.
Vielleicht ist gerade jetzt die richtige Zeit, um das Leben »umzukrempeln«. Vielleicht ist die Zeit reif, neu anzufangen und ein Stück Himmel in unser Leben zu lassen. Vielleicht beginnen wir, alte Lasten abzulegen und Verletzungen heilen zu lassen, uns selbst und unseren Mitmenschen gegenüber ehrlich zu sein und den kostbaren Augenblick zu genießen. Und vielleicht lassen wir es zu, dass unserer Seele endlich Flügel wachsen.

55 Mit Liebe zubereitet

Das war heute eine anstrengende Wanderung! Mehrere Stunden waren wir unterwegs gewesen in den Hügeln der Toskana. Jetzt saßen wir müde und hungrig in der Trattoria, einem kleinen Dorfrestaurant.
Gleich nach der freundlichen Begrüßung wurde uns eine Flasche Rotwein, dazu Wasser und Brot, auf den Tisch gestellt. Das scheint hier so üblich zu sein. Wir versuchten mühsam, die Speisekarte zu übersetzen. Sie war angenehm »überschaubar«. Das machte die Wahl und das Übersetzen leichter. Und es zeigte uns: Hier werden nicht hundert tiefgekühlte Fertiggerichte angeboten, sondern hier wird alles frisch zubereitet.
Als wir freudig anstießen und uns das erste Glas schmecken ließen, ging plötzlich die Tür zur Küche auf. An einem Tisch dort stand eine alte Frau, wahrscheinlich die Großmutter der gastfreundlichen Familie. Sie rollte den Teig für die gefüllten Nudeltaschen aus. Sie tat es so, wie sie und ihre Vorfahren es wohl schon immer getan hatten, mit Geduld, Freude und Engagement. Und sicher mit viel Liebe.
Am Ende des Abends, nach einem köstlichen Mahl, hatten wir verstanden: Hier waren alle Gerichte frisch und wohlschmeckend – ohne Verwendung irgendwel-

cher Geschmacksverstärker und Industrieprodukte. So köstlich hatte uns schon lange kein Essen mehr geschmeckt wie dieses hier nach unserer langen Wanderung.

Zum Glück gibt es sie noch, Menschen, die mit Liebe kochen. Es gibt noch Gastgeber, die frische, gesunde Zutaten verwenden und die Kräuter im eigenen Garten ernten. Es gibt Köche und Köchinnen, deren höchster Lohn es ist, wenn die Gäste das Essen genießen und nicht gedankenlos herunterschlingen. Es gibt junge Männer und alte Großmütter, die liebevoll mit gutem Essen und Trinken eine fröhliche Tischrunde verwöhnen.

Wohl all denen, die es immer wieder einmal erleben dürfen, wenn der Tisch schön gedeckt ist und aufgetragen wird von den Gaben der Natur – voller Liebe zubereitet, dampfend, verführerisch riechend und wohlschmeckend! Kann das Leben nicht schön sein?

Wohl bekomms!

Sie erinnern sich an die Aufbruchsstimmung in der Zeit Ihrer Kindheit? Das ganze Leben erschien Ihnen wie ein großes Versprechen. Was hatten Sie für Träume und Pläne! Sie wollten draußen im Garten schlafen und die große Welt entdecken, wollten Ozeane überqueren und endlich in die Schule gehen. Sie freuten sich über den Besuch Ihrer Großmutter und verkleideten sich gern als Indianer.

Vielleicht erinnern Sie sich auch noch daran, wie Sie Ihre Eltern genervt haben: »Wie war das bei meiner Geburt? Wer hatte mich zuerst im Arm?« – »Was habe ich als Baby gemacht? Habe ich viel gelacht?« – »Was war vor meiner Geburt? Habe ich im Himmel schon gelebt? Wusstet ihr, ob ich ein Junge oder ein Mädchen werde? Hattet ihr schon einen Namen für mich ausgesucht? Und hat Opa vor seinem Tod noch erfahren, dass ich bald geboren werde?« Sie hatten so viele Fragen.

Irgendwie tat es Ihnen immer gut, von »damals« zu hören. Sie konnten sich vergewissern, dass Sie eine Geschichte haben, die schon lebendig war, bevor Ihre eigene Erinnerung einsetzte. Sie erfuhren, dass sich Ihre Eltern auf Sie gefreut haben und vielleicht auch ein

wenig Angst hatten, ob sie der neuen Aufgabe gewachsen waren. Sie gehörten zu einer Familie, sie gehörten zum Leben. Sie waren geboren, weil Ihre Eltern sich lieb hatten. Und Sie freuten sich unbändig auf das Leben, das vor Ihnen lag.
Vielleicht lächeln Sie heute über die Aufbruchsstimmung von damals und tun sie als kindisch ab. Dann schwingt Wehmut mit. Und Trauer. Dabei sind Sie immer noch ein Kind des Lebens. Vielleicht träumen Sie längst nicht mehr davon, die große Welt zu entdecken und Ozeane zu überqueren. Vielleicht ist es an der Zeit, die kleine Welt in Ihrem Innern besser kennenzulernen und neue Seiten an sich und Ihren Mitmenschen zu entdecken.
Ab und zu tut es gut, das Kind von damals zu besuchen. Es lebt tief in Ihnen weiter. Es zeigt Ihnen gern, wie lebendig Sie auch heute sind und dass der himmlische Funke noch immer in Ihnen glüht.

57 Der neue Tag

Sicher kennen Sie etliche Menschen, die täglich ihre gesammelten Lasten unter großer Anstrengung mit sich herumschleppen. Vielleicht gehören Sie sogar selbst dazu? Zu viel Gepäck, Sorgen, Verletzungen, Vorurteile und Enttäuschungen machen das Leben unnötig schwer.

So wird nicht nur der Tag, sondern auch die darauf folgende Nacht zur Qual. Die auf diese Art und Weise »Beladenen« können kaum richtig schlafen. Sie wälzen sich sorgenvoll hin und her. Und am liebsten würden sie am nächsten Morgen gar nicht wieder aufstehen, so zerschlagen fühlen sie sich. Jetzt liegt ein schwerer Tag nach einer schrecklichen Nacht vor ihnen.

Zum Glück muss das nicht so bleiben. Denn jeder kann etwas an seiner Situation ändern. Jeder kann eine heilsame Entscheidung treffen und ein Versprechen ablegen. Vielleicht so:

»Ich will endlich damit aufhören, mir das Leben unnötig schwer zu machen. Ich will aufhören, Lasten zu sammeln und mir lauter negative, erbärmliche Lebensbilder in mein inneres Wohnzimmer zu hängen.

In Zukunft werde ich an jedem Abend meine Lasten ablegen. Ich übergebe sie Gott im Gebet. Ich streiche

sie aus meiner Lebensliste. Ich lasse sie nicht mit ins Bett. Ich befreie mich von Beleidigungen, Problemen und Verletzungen. Ich schaffe die Voraussetzung dafür, endlich wieder gut schlafen zu können.
So kann ich den neuen Tag ohne den Ärger von gestern beginnen. Ich sehe jeden Tag als eine neue Chance. Nichts muss ich wiederholen. Nichts kann mir für alle Zeiten einen Stempel aufdrücken oder mich kleinmachen.
Ich beginne den neuen Tag leicht und unbeschwert, voller Vorfreude und Optimismus. Ich bin sicher, dass heute alles möglich ist.«
Das ist ein guter Weg zu mehr Freude und Lebensqualität. Viele Menschen haben das bereits erlebt. Sicher, der Abschied vom Lebensgepäck ist nicht gerade leicht, aber er macht leicht. Und wer einmal damit begonnen hat, sich von unnötigen Lasten zu befreien, will es immer wieder tun. Auch heute. Wenn das kein Grund zum Feiern ist!

58 Lebensabschnitte beschreiten

Abschied ist oft eine traurige, schmerzhafte Sache. Die Nachbarn, mit denen wir uns stets so gut verstanden haben, ziehen in eine andere Stadt. Das traditionsreiche Restaurant, in dem wir viele Feste feiern durften, schließt endgültig seine Pforten. Der Pfarrer, der für die Nöte der Menschen stets ein offenes Ohr hatte, wechselt die Gemeinde. Der Dorfplatz, auf dem wir schon als Kinder gespielt haben, wird mit Doppelhäusern bebaut. Die Tageszeitung, die über alles Interessante in der Region berichtete, wird zum 1. Oktober eingestellt. Manchmal müssen wir auch von einem Lebensabschnitt Abschied nehmen. Von der Schulzeit, vom behüteten Leben bei den Eltern, von der Zeit der Ausbildung, von der Jugend, von dem Leben in der Heimatstadt, von der Zeit, in der wir meinten, unendliche Kräfte zu haben, von der sicheren Anstellung, von der Zeit als Mutter und Vater von kleinen Kindern, von dem Vorstandsamt, von der Berufstätigkeit, vom Joggen um die Außenmühle.

Manche Menschen versuchen, sich um Abschiede herumzudrücken. Sie wollen es nicht wahrhaben, dass die Kinder auf eigenen Beinen stehen. Sie überschätzen ihre Kräfte und ignorieren, dass sie viel schneller als früher außer Atem sind. Sie warten mit dem Rücktritt vom Vereinsvorstand, bis sie dazu gedrängt werden müssen. Sie fallen nach der Pensionierung in ein tiefes Loch, weil sie sich auf diese Zeit in keiner Weise vorbereitet haben.

Jeder Lebensabschnitt ist ein wichtiger Teil unseres Lebens, eine Zeit zum Wachsen und Lernen, zum Lieben und Lachen. Jeder Lebensabschnitt ist eine neue Gelegenheit, uns mit dem Leben weiter anzufreunden und wichtige Erfahrungen zu machen. Jeder Lebensabschnitt ist eine ausgezeichnete Vorbereitung für den nächsten Lebensabschnitt. Und jeder Abschnitt öffnet uns neue Möglichkeiten und Chancen.

So gibt es nur einen Weg, lebendig zu bleiben und unsere Lebensfreude zu erhalten – indem wir zu jedem Anfang und Neubeginn fröhlich ja sagen. Ein Lob dem Leben und der Veränderung!

59 Aus Verliebtsein wird Liebe

Ich hoffe, Sie kennen das Gefühl und erinnern sich gern daran: Sie haben sich verliebt. Es kam einfach so über Sie, plötzlich und unerwartet. Sie konnten da einfach nichts tun. Sie konnten es nicht planen und sich nicht darauf vorbereiten. Plötzlich waren Sie verliebt, und alles in Ihrem Leben war anders als vorher. Sie waren völlig durcheinander – und glücklich.

Vielleicht dachten Sie damals: Das muss jetzt für immer so bleiben. Was so einfach begonnen hat, das muss auch in Zukunft so einfach weitergehen. Sie fühlten sich am Ziel Ihrer größten Träume. Sie sprachen von der großen Liebe – und waren doch nur verliebt, nicht mehr und nicht weniger.

Manche Menschen sind völlig überrascht, wenn nach der ersten Zeit des wunderbaren Verliebtseins Probleme auftauchen. Sie hatten nicht damit gerechnet, nach dem Höhenflug wieder auf der harten Erde landen zu müssen. So hatten sie sich das alles nicht vorgestellt. Und schon kurze Zeit später ziehen sie resignierend das Fazit: Es sollte eben nicht sein. Es war doch nur ein großer Irrtum. Sie geben auf und trennen sich von dem eben noch »geliebten« Menschen.

Nun, manchmal tut so eine Enttäuschung tatsächlich

gut: »Ich habe mich in einem Menschen getäuscht. Ich habe mich in mir und meinen wahren Gefühlen getäuscht.« Nicht jede Beziehung ist es wert, die ersten Wochen oder Monate zu überdauern.
Doch eine tiefe, dauerhafte Liebe kann erst nach einer Zeit des ersten Verliebtseins entstehen. Wenn auch das Gefühl, verliebt zu sein, wie ein Wunder wirkt, so kommt das eigentliche Wunder erst viel später.
Die Liebe kann wachsen, wenn beide bereit sind, miteinander einen gemeinsamen, schönen und oft auch schweren Weg zu gehen. Sie kann sich bewähren, wenn beide bereit sind, die Probleme, die bestimmt nicht lange auf sich warten lassen, zu lösen. Jetzt kann eine wunderschöne, anstrengende und niemals langweilige Zeit beginnen. Was für ein Geschenk, wenn diese Liebe dann tatsächlich ein Leben lang hält!
Auf die Liebe!

60 Hilfreiche Kritik

»Ganz im Vertrauen: Weißt du, was sie über dich gesagt hat? Du bist arrogant und überheblich! Ist das nicht niederträchtig?« Solche Sätze lassen sämtliche Alarmglocken in uns läuten. Wer mag schon gern kritisiert werden? Es gefällt uns gar nicht, wenn wir erfahren, was andere alles an uns auszusetzen haben. So etwas tut weh. Und wenn die Kritik bösartig oder niederschmetternd ist, kann es passieren, dass wir an uns selbst zu zweifeln beginnen. Irgendwann hat sich unser ganzes Selbstbewusstsein dann womöglich in Luft aufgelöst.

Kritik hat aber auch eine andere Seite. Sie kann uns helfen, unsere Defizite zu erkennen. Sie kann uns zeigen, wo wir besser an uns arbeiten sollten und wo wir dazulernen können. Wer jede Kritik ängstlich oder überheblich von sich weist, läuft Gefahr, träge und selbstgerecht zu werden und die eigene Weiterentwicklung zu verhindern.

Kritik ist hilfreich – unter bestimmten Voraussetzungen. Welche das sind? Wichtig ist vor allem, dass wir an unseren eigenen Wert glauben. »So wie ich bin, ist es gut!« – »Ich bin von Gott wunderbar geschaffen!« – »Ich bin ein liebenswerter Mensch!« Dann kann uns die Kritik nicht so schnell niederdrücken. Kritik

annehmen können wir also nur, wenn wir auch unsere positiven Seiten kennen und uns über unsere Gaben und Fähigkeiten, Erfolge und Leistungen freuen.
An uns arbeiten, um uns positiv weiterzuentwickeln, werden wir nur dann, wenn wir überzeugt sind: Wir sind es wert, etwas für uns zu tun. Wir haben noch viel Potenzial. Es lohnt sich, Arbeit und Mühe in uns zu investieren.
Vielleicht sagen wir dann später einmal zu unserer größten Kritikerin: »Zuerst war das schon bitter für mich. Und du hast bestimmt ziemlich übertrieben. Aber natürlich hast du meine schwache Stelle getroffen. Ich habe tatsächlich oft versucht, die anderen zu übertrumpfen. Unter Tränen habe ich begonnen, an mir zu arbeiten. Heute kann ich dir für deine heftige Kritik sogar danken.«
Wie schön, wenn wir Kritik annehmen können und daraus die richtigen Schlüsse ziehen! Leben heißt schließlich, immer wieder etwas dazuzulernen.

61 Liebevolle Gedankenübertragung

Sie kennen das bestimmt: Ihnen kommt der Gedanke in den Sinn, eine bestimmte Person, sagen wir einmal Maria, anzurufen. Kurz entschlossen wählen Sie die Telefonnummer. Maria ist selbst am Apparat. Sie stammelt die Worte: »Das ist ja unglaublich. Gerade eben habe ich an dich gedacht!« Vielleicht gibt es ja so etwas wie Gedankenübertragung. Denn von ähnlichen Erlebnissen wie dem eben geschilderten kann fast jeder Mensch berichten.

Nach der ersten Überraschung wird uns ein zweiter Punkt vielleicht noch wichtiger: Wie schön, dass jemand an uns denkt! Wie schön, dass wir im Leben anderer Menschen eine Rolle spielen, in ihren Gedanken und Gefühlen! Schnell fallen uns etliche Erlebnisse der vergangenen Tage ein. Eine Arbeitskollegin fragte uns, ob wir an einer interessanten Wanderung teilnehmen möchten. Toll, dass sie dabei an uns gedacht hat! Eine Nachbarin lud uns zu einem »gemütlichen Abend« ein. Schön, dass ihr der Kontakt wichtig ist! Ein alter Freund rief an, weil er uns gern besuchen möchte. Danke, dass er uns nicht vergessen hat! Mehrere Teilnehmer unserer Fitnessgruppe schrieben uns eine Karte und wünschten gute Besserung. Das tut wirklich gut!

Wenn wir länger nachdenken, fallen uns mit Sicherheit noch weitere Begebenheiten ein. Ganz unterschiedliche Menschen sind an dem interessiert, was wir machen, sie freuen sich von uns zu hören, sie telefonieren und diskutieren gern mit uns, feiern mit uns oder setzen sich gemeinsam mit uns für eine gute Sache ein.
Was für ein Gefühl! Wir sind nicht allein. Wir können uns auf andere verlassen und sind für sie wichtig. Es gibt Menschen, die sind uns wohlgesinnt und freuen sich über den Kontakt mit uns. Und wenn wir einmal in einer bestimmten Sache Hilfe brauchen, wissen wir gleich, an wen wir uns wenden können.
Ein Grund zu feiern ist das allemal: Da sind wunderbare Menschen, die immer wieder gern an uns denken. Und manchmal denken wir zur selben Zeit aneinander. Das muss wohl Gedankenübertragung sein!

62 Geschenke des Lebens

Geschenke, Geschenke, alle Kinder lieben Geschenke. Können Sie sich an die Besuche Ihrer Tante erinnern, die vor allem deshalb Ihre Lieblingstante war, weil sie jedes Mal eine große Tafel Schweizer Schokolade mitbrachte? Erinnern Sie sich an die Stapel von Geschenkpaketen zu Weihnachten? Wissen Sie noch, wie bei Ihrem Geburtstag das Geschenkpapier in hohem Bogen durch das Zimmer flog, weil Sie es kaum erwarten konnten, den Inhalt in Händen zu halten? Und hinterher saßen Sie glücklich neben Ihren neuen Schätzen und fühlten sich sehr reich.

Heute, längst erwachsen geworden, haben Geschenke bei uns nicht mehr die Bedeutung von damals. Wir spüren nicht mehr die Neugier und Begeisterung, wenn wir ein Geschenk erhalten, und auch nicht das Prickeln beim Auswickeln. Manchmal sind wir eher gehemmt. Vielleicht versuchen wir, Freude und Überraschung zu heucheln. Bei den Geschenken ist der Inhalt meist gar nicht so wichtig. Wichtig ist vielmehr das gute Gefühl, dass jemand an uns gedacht hat.

Heute freuen wir uns eher über Geschenke, die weder eingewickelt noch mit einer Schleife veredelt sind. Wir freuen uns über das Geschenk der Gesundheit, gerade wenn wir vorher ein paar Tage lang krank im Bett lagen. Wir freuen uns über einen herrlichen Sommerabend, den wir mit einem lieben Menschen unten am See verbringen dürfen. Wir sind dankbar, dass wir uns nach einer Phase großer Traurigkeit wieder auf jeden neuen Tag freuen. Wir staunen, dass wir eine schwere Aufgabe bewältigt haben, obwohl uns das niemand zugetraut hat. Wir freuen uns über das Geschenk der Liebe und der Versöhnung. Wir freuen uns über ein herzliches Lachen und eine freundliche Umarmung. Wir freuen uns über das Singen der Vögel, über den Mondschein am Abend und über die Blumen im Garten. Wir freuen uns, dass es uns gut geht.

Ja, wir staunen über die vielen wunderbaren Geschenke des Lebens, so als wäre jeden Tag Geburtstag und Weihnachten und Besuch der Lieblingstante.

Wir freuen uns und fühlen uns wie damals – wie ein reich beschenktes Kind.

63 Sich selbst akzeptieren

Eine ältere Dame erzählte mir ihre Lebensgeschichte: Von Kindheit an wurde ihr eingetrichtert, dass sie an sich arbeiten müsse. Schau dir die anderen Kinder an, so wurde ihr immer wieder gesagt, wie gut sie in der Schule sind, wie fleißig und hilfsbereit, wie fröhlich und offen. Sie reichte scheinbar nicht an die anderen heran. Sie sollte sich Mühe geben und kämpfen. Sie sollte ihre negativen Gewohnheiten ablegen, sollte mehr für die Schule tun und mehr lachen. Schon damals hatte sie das Gefühl, von niemandem akzeptiert zu werden.

Im Laufe der Zeit fiel es ihr immer schwerer, an sich zu glauben. Die viele Kritik und der ständige Hinweis, noch mehr an sich zu arbeiten, hatten ihr Selbstwertgefühl so sehr ramponiert, dass ihr alles im Leben sinnlos erschien.

Doch irgendwann fand sie doch noch den Schlüssel für ihr Wohlergehen und ihre Weiterentwicklung. Ihr wurde deutlich, dass sie sich als »Gottes geliebtes Kind« verstehen darf. Sie durfte sich selbst so akzeptieren, wie sie war. Sie musste nicht länger auf die Bestätigung durch ihre Mitmenschen warten. Sie begann, mehr und mehr an ihren eigenen Wert zu glauben und konnte so mit der Zeit tatsächlich ein gesundes Selbstwertgefühl entwickeln.

Hieß das für sie nun, dass alles in Ordnung sei? »Ja, genau, alles war in Ordnung mit mir!« Musste sie nicht mehr an sich arbeiten? »Nein, ich musste gar nichts mehr!«

Das war der Durchbruch. Jetzt ging alles ganz einfach. Sie war wertvoll. Sie musste gar nichts. Jeder Druck war verschwunden. Und sonderbar: Jetzt war sie es sich wert, etwas für sich zu tun. Selbst die ehemals ungeliebte Arbeit an sich selbst ging ihr plötzlich leicht von der Hand, ja, sie wurde zu einer wunderbaren Erfahrung und manchmal sogar zu einem Vergnügen.

»Bei Gott ist kein Mensch wichtiger und wertvoller als der andere«, heißt es in der Bibel (Galaterbrief 2,6). Wir alle sind einmalig, kostbar und wertvoll. Sind Sie auch davon überzeugt? Dann herzlichen Glückwunsch!

64 Bilanz ziehen

Auf unserem Lebensweg brauchen wir Haltepunkte, an denen wir Bilanz ziehen können, zurückschauen, prüfen, planen, uns orientieren und nach vorn blicken. Wir brauchen feste Punkte, von denen aus wir all den Ereignissen und Maßstäben unseres Lebens ihren richtigen Platz zuweisen können.
Wir brauchen Freudenfeste genauso wie Trauertage. Wir brauchen Krisenzeiten und besondere Erfolge. Wir brauchen Feiertage zwischen den Alltagen, Bußtage und Vorbereitungstage, Tage des Kennenlernens und Abschieds. Wir brauchen Haltepunkte, damit unser Leben kein Einheitsbrei wird und damit wir nicht mit den anderen mitschwimmen – unfähig, selbst eine Richtung einzuhalten. Wir brauchen Haltepunkte, um stehen zu bleiben, Atem zu holen und neu anzufangen.
Doch nur selten kommen diese Haltepunkte von allein. Manche Menschen geben sich nie die Chance, wirklich zur Ruhe zu kommen und Bilanz zu ziehen. Und eines Tages stellen sie entsetzt fest, was sie alles versäumt haben. Sie stehen vor den Trümmern ihrer Ehe, sind total ausgebrannt, sind einer Lebenskrise hilflos ausgeliefert, sehen keinen Sinn mehr im Leben oder stellen

überrascht fest, dass sie keine Freunde haben, auf die sie sich verlassen können.
Wir brauchen regelmäßig Tage, an denen wir Abstand gewinnen können von unseren täglichen Pflichten und Aufgaben, von unseren einseitigen Urteilen und Vorurteilen, von Sorgen und Problemen, von Streit und Auseinandersetzungen.
Eigentlich brauchen wir ab und zu einen Ort, der so »hoch« liegt, dass wir von dort aus unser Leben überblicken können – und sei es nur im übertragenen Sinne. Wir brauchen einen Berggipfel, von dem wir nicht nur den Schatten vor unserem Haus sehen, sondern auch die Sonne, die dahinter scheint.
Wie gut, wenn wir uns solche Tage und Orte schenken! Vielleicht reicht manchmal schon ein langer Spaziergang oder ein Nachmittag in der alten Hütte, um Abstand zu gewinnen und vieles einmal völlig anders zu sehen. Solche Tage tun unserem Körper, unserem Geist und unserer Seele gut und strahlen auf unser ganzes Leben aus.

65 Altes und junges Potenzial

»Die Jugend achtet das Alter nicht mehr, zeigt bewusst ein ungepflegtes Aussehen, sinnt auf Umsturz, zeigt keine Lernbereitschaft, ist ablehnend gegen überkommene Werte ...«
Auch wenn es sich so anhört – dieser Text stammt nicht aus unserer modernen Zeit. Er ist im Gegenteil uralt und wurde vor über 3000 Jahren in Ägypten aufgezeichnet.
Der Generationenkonflikt ist wahrlich keine Erfindung unserer Zeit. Die Kinder und Jugendlichen waren selten so brav und folgsam, wie Eltern sich das wohl gern erträumen. Und die Älteren gaben jungen Menschen schon immer Anlass zu Kritik, weil sie oft starr am Alten und Gewohnten hängen und sich dann mit aller Kraft auch gegen sinnvolle Neuerungen stemmen.
Alt und jung, im Leben jedes Menschen muss es unterschiedliche Phasen geben. Es gibt Zeiten der kritischen Betrachtung aller übernommenen Werte, Zeiten des Fragens und Suchens, des Lernens, des Arbeitens und Nachdenkens, des Festhaltens und Staunens, des Hoffens und Abschiednehmens.
Alle Familien und Beziehungen, alle Gemeinschaften sind darauf angewiesen und leben davon, dass ver-

schiedene Menschen in verschiedenen Phasen voneinander lernen und sich gegenseitig akzeptieren. Gerade die Vielfalt macht ihren Reichtum aus. Was wären Gruppen und Gemeinden ohne den lebendigen Austausch, ohne gleichberechtigte Diskussionen und ohne unterschiedliche Vorstellungen und Meinungen?

Wäre es nicht eine entsetzliche Vorstellung, wenn in unseren Vereinen und Gemeinden die Jungen und die Alten stets unter sich blieben und nur noch Platz für Interessengruppen und Gleichdenkende wäre? Wir brauchen einander und können immer wieder voneinander profitieren, wenn wir dafür offen sind.

Freuen wir uns also über jedes lebendige Miteinander, bei dem Platz ist für Junge und Alte, für Bewahrer und Veränderer, Laute und Leise, Fragende und Antwortende, Enttäuschte und Begeisterte! Und freuen wir uns über jede Gemeinschaft, in der Junge den Alten zuhören und Alte den Jungen!

66 Ein fröhliches Herz

Es gibt verschiedene Gründe, weshalb Menschen krank oder hinfällig sind. Manchmal kennen wir den Grund gar nicht. Und vielleicht fragen wir uns dann: Wie konnte das geschehen? Warum gerade ich oder ein geliebter Mensch?

Häufig hat eine Krankheit mit der Lebensweise eines Menschen zu tun, darüber sind sich Fachleute längst einig. Jemand kann vor Sorgen nicht mehr schlafen – lange wird das nicht mehr gut gehen. Jemand schluckt jeden Kummer und Ärger hinunter – da wird sich bald der Magen melden. Einer arbeitet bis zum Umfallen – dann liegt er erst einmal flach. Einer trinkt, um zu vergessen – bis er sich selbst vergisst. Einer verbietet sich alles, einer erlaubt sich alles. Einer bewegt sich viel zu selten – bis er völlig unbeweglich wird. Einer ist aggressiv gegenüber seinen Mitmenschen – und trifft doch vor allem sich selbst. Einer lässt sich alles gefallen – und fühlt sich schließlich klein und wertlos.

In einem alten Bibelvers heißt es: »Ein fröhliches Herz ist die beste Arznei; ein gedrücktes Gemüt dörrt das Gebein aus« (Sprüche 17,22). Das ist auch heute die Erfahrung vieler Menschen: Ein fröhliches Herz ist eine gute Medizin. Fröhliche Menschen besitzen eine

Leichtigkeit, die manche Krankheit heilt oder gar nicht erst entstehen lässt.
Die Feinde der Fröhlichkeit machen krank, sie sind gegen das Leben gerichtet. Wer diese Feinde sind? Sorge, Kummer, Depression, Verbissenheit, Enge, Trägheit. Manche Krankheit ist ein Zeichen dafür, dass solche Feinde des Lebens in uns wirksam sind und Unheil anrichten. Wer das rechtzeitig merkt und gegensteuert, kann seiner Krankheit sogar dankbar sein.
Fröhliche Menschen tun uns gut. Fröhlichkeit kann erfrischen und beleben. Und besonders gut tut es, wenn wir selbst diejenigen sind, die mit ihrer Fröhlichkeit andere anstecken.
Übrigens: Manche »unheilbar kranken Menschen« überraschen uns durch Fröhlichkeit, die ihnen deutlich anzumerken ist. Vielleicht sind gerade sie gesünder als viele verbissene »Gesunde«.

67 Gott ist Liebe

Ich bin froh,
nicht an ein blindes Schicksal
glauben zu müssen
oder an eine seelenlose Natur,
denen ich mein Leben zu »verdanken« habe.
Der Glaube an einen Schöpfergott,
der mich gewollt hat und noch will,
gibt meinem Leben eine besondere Würde.
Die Vorstellung von einer ordnenden Hand,
die hinter allem im Leben steht,
zeigt mir meinen Platz und meine Aufgabe,
Leben zu schützen und zu fördern.
Die Überzeugung, dass ein liebender Gott
seine ganze Liebe gibt, um Leben zu schaffen,
hilft mir, Leben und Liebe als Einheit zu sehen.

Wenn Liebe Leben schafft,
dann ist die Liebe auch die Kraft,
die Leben erhält.
Liebe führt nicht zur Selbstverleugnung,
sondern zur Selbstannahme.

Liebe führt nicht zur Kapitulation
vor den Mitmenschen,
sondern zur gemeinsamen Gestaltung des Lebens.
Liebe führt nicht zur Zerstörung der Welt,
sondern zu ihrer Bewahrung.
Liebe ist mehr als etwas Gefühl,
mehr als etwas für romantische Stunden zu zweit.
Liebe ist Anfang des Lebens
und seine einzige Zukunft.

68 Sehnsucht

»Ich sitze am frühen Abend auf der Terrasse eines kleinen Ferienhauses in Italien, den Blick auf die Weinberge und die untergehende Sonne gerichtet. Frisches, knuspriges Brot, würziger Käse, ein Glas roter Wein, das ist unsere einfache, kleine Mahlzeit. Ein Mann auf einem alten Traktor fährt auf dem Feldweg an uns vorbei, sein Feierabend wird gleich beginnen. Er winkt freundlich herüber.

Ich sitze da und schaue auf die rote Sonne, die gleich am Horizont verschwinden wird. Ein Gefühl von völliger Harmonie und unendlichem Glück erfüllt mich. Aber ich weiß auch, dass der Abend bald vergangen sein wird. Es ist unser letzter Urlaubstag hier. Morgen geht es wieder nach Hause. Morgen Abend wird der Mann auf dem Traktor uns nicht mehr zuwinken.

Ob ich noch einmal zurückkehren werde? Ob ich noch einmal hier sitzen werde, um voller Seligkeit der untergehenden Sonne zuzuschauen? Die Zeit ist vorbei. Urlaub bedeutet immer auch, Abschied zu nehmen. Die schöne Zeit vergeht meistens viel zu schnell.

Mir wird deutlich: So wie dieser Urlaub wird auch mein Leben eines Tages vergehen.

Ich wollte doch nur Urlaub machen, und jetzt denke ich über die Schönheit und die Vergänglichkeit des Lebens nach. Ich bin traurig glücklich. Ich nehme meine Sehnsucht mit aus diesem Urlaub, die Sehnsucht nach einem glücklichen Leben in Frieden und Geborgenheit. Ich weiß, in dieser Welt wird sie sich immer nur für ein paar Glücksmomente erfüllen.«
Wenn wir die Sehnsucht in uns spüren, fragen wir uns vielleicht: Wo kommt diese Sehnsucht her? Und wozu haben wir sie? Ob unsere Seele die Sehnsucht als himmlisches Geschenk bekam, um sie immer daran zu erinnern, wo sie ihre eigentliche Heimat hat?
Wie gut, wenn die Sehnsucht weiter in uns lebt! Sie zeigt uns, wie kostbar dieses Leben ist und wie wichtig es ist, jeden einzelnen Augenblick auszukosten. Und sie richtet unseren Blick zugleich auf eine völlig andere Wirklichkeit, über die unsere Seele so viel mehr weiß als unser Verstand.

69 Handwerk

Als wäre es gestern gewesen, so gut erinnere ich mich daran, wie ich als Kind manche Ferienwoche bei der Familie meines Onkels verbrachte. Sie lebten auf dem Lande in Mecklenburg in der damaligen DDR. Ich liebte die Seenlandschaft dort und zog mit meinen Cousins durch die umliegenden Felder und Wälder. Mein Onkel war vielseitig beschäftigt. Er spielte die Orgel in der kleinen Kirche, gab Konfirmandenunterricht und war der Standesbeamte des Dorfes. Sein Hauptberuf jedoch war Tischler. Er arbeitete mit dem alten Meister Jakobi zusammen, dessen Tischlerwerkstatt noch aus schon damals längst vergangenen Zeiten stammte. Wie bewunderte ich die alten Sägen und Hobel, die immer wieder neu geschärft und stets in Ehren gehalten wurden.

Später übernahm einer meiner Cousins die Werkstatt. Auch er liebte die alten Werkzeuge und sorgte dafür, dass sie immer wieder einmal in Gebrauch waren. Inzwischen hätte die Werkstatt längst manchem Museum Ehre gemacht.

Um die Jahrtausendwende bekam er Verstärkung durch seinen Sohn. Der hatte eine ordentliche Ausbildung als Tischler absolviert. Doch statt jetzt mit

modernsten Geräten zu arbeiten, entdeckte er seine Liebe zu den alten Werkzeugen und der alten Handwerkskunst. Heute renoviert er vor allem alte Möbel, die ihm zur Reparatur gebracht werden oder die er in der näheren und weiteren Umgebung aufkauft. In der Werkstatt riecht es wie früher wunderbar nach Leim und Sägespänen, und mit viel Sachverstand und Liebe gewinnen selbst hoffnungslose Fälle ihre alte Pracht und Schönheit zurück.
Ich freue mich über Menschen, die der industriellen Massenware unserer Zeit etwas entgegensetzen – von Hand mit Liebe gemacht. Ich denke dabei an den Bäcker um die Ecke, der noch selbst am Backofen steht, an das junge Gärtnerpärchen, das sich auf alte, fast ausgestorbene Gemüsesorten spezialisiert hat, und an den Imker, der Schulkindern erklärt, wie Honig entsteht und die Bienen geschützt werden können.
Danke an all diese Menschen für ihre Liebe und Kreativität!

70 Nicht aufs Irgendwann warten

Es ist schon erstaunlich, wie »konsequent« viele Menschen ihr Glück in eine ferne Zukunft schieben. Sie sparen ihr Geld, um es irgendwann zu genießen, und gönnen sich heute fast nichts. Am Ende profitieren davon nur die Erben. Denn »irgendwann« heißt in den meisten Fällen »niemals«.

Manche hoffen auf glückliche Zeiten, wenn sie erst das geplante Haus gebaut haben. Doch irgendwie kommt immer etwas dazwischen. Andere träumen schon in den besten Jahren vom paradiesischen Ruhestand. Einige arbeiten viel zu viel, um später einmal glücklich zu sein. Sie träumen von goldenen Zeiten, doch ihr Glück bleibt immer in einer unerreichbaren Zukunft.

Ob diese Menschen vielleicht unbewusst Angst davor haben, wirklich glücklich zu sein? Ob sie Angst haben, dass sie ihren Lebensstil oder ihre Einstellung ändern müssten? Ob es ihnen Angst machen würde, aus ihren Träumen hinaus in die Wirklichkeit treten zu müssen? Ob sie vielleicht sogar fürchten, gar nicht fähig zum Glück zu sein?

Irgendwann leben ist leider nicht möglich. Leben können wir immer nur heute. Irgendwann glauben, irgendwann liebevoll mit uns selbst und unseren Mit-

menschen umgehen, irgendwann das Leben feiern – das sind meistens leere Ausreden, die wir gebrauchen, um unser Leben nicht ändern zu müssen.
Das Glück wartet heute auf uns, immer wieder heute. Wo wir es finden? Fast überall. Vielleicht bei einem Gespräch mit einer Hilfe suchenden älteren Dame im Supermarkt. Vielleicht beim Auswendiglernen unseres Lieblingsgedichtes, beim Spaziergang früh am Morgen in den Sonnenaufgang hinein, bei einem Dankgebet am Abend, beim Musizieren auf dem Marktplatz, bei einer Diskussion bis spät in die Nacht, bei einer romantischen Schifffahrt, bei einer Baufreizeit im Abenteuerlager, beim Vorbereiten einer Überraschung für das Geburtstagskind. Hauptsache, wir verschieben es nicht auf irgendwann!
Tiefes Glück wird uns geschenkt, wenn wir uns darauf einlassen. Es wird uns ein Lächeln ins Gesicht zaubern, und unsere Seele wird einen Freudentanz wagen. Versprochen!

71 Selbst entscheiden

Haben Sie auch immer wieder mit wohlmeinenden Mitmenschen zu tun, die Ihnen »gute« Ratschläge geben, obwohl Sie in keiner Weise darum gebeten haben? Erklären sie Ihnen penetrant, wie Sie Ihre Kinder zu erziehen haben oder wie Sie Ihre Freizeit interessanter oder nachhaltiger oder sinnvoller gestalten können? Empfehlen sie Ihnen, ein wichtiges Buch zu kaufen? Wissen diese Besserwisser stets genau, was für Sie gut ist und Ihnen gerade noch zu Ihrem Glück fehlt?
Haben Sie auch die Nase voll von ständigen versteckten Werbebotschaften? Ärgern Sie sich über Zeitungsartikel, in denen Ihnen statt sachlicher Informationen die Philosophie einer Firma untergejubelt wird? Wollen Sie sich auch nicht länger von den Medien bevormunden lassen?
Wahrscheinlich sind wir uns schnell darin einig: Wir brauchen all diese Ratschläge nicht. Wir brauchen keine Menschen, die immer alles besser wissen. Wir wollen uns nicht von anderen sagen lassen, was für uns gut wäre und was wir unbedingt einmal versuchen sollten. Wir wollen auch nicht wissen, was »man« heute tut oder was »alle« heute denken und welchen Geschmack oder Glauben die Mehrheit hat.

Sie entscheiden selbst? Herzlichen Glückwunsch! Sie wissen selbst, was Sie wollen und was Ihnen gefällt. Sie entscheiden selbst, wie und mit wem Sie Ihren Geburtstag feiern und wo und mit wem Sie Ihren Urlaub verbringen. Sie entscheiden, welche Musik Sie hören und wofür Sie Ihr Geld ausgeben, ob Sie fröhlich feiern oder gegen Fremdenfeindlichkeit protestieren. Sie entscheiden, wem Sie vertrauen und wofür Sie sich engagieren. Wie gut, dass es doch erstaunlich viele Menschen gibt, die nicht länger nach aktuellen Trends fragen, bevor sie ihre Entscheidungen treffen! Wie gut, wenn Menschen ihr Leben auf einem festen Fundament gebaut haben und nicht bei jedem guten Ratschlag ihr Fähnlein in eine andere Richtung hängen! Wie gut, wenn Menschen liebevoll, aber selbstbewusst ihren Standpunkt vertreten! Wie gut, wenn Sie dazugehören!

72 Überraschende Augenblicke

Haben Sie es schon mal erlebt, an Ihrem Geburtstag von guten Freunden überrascht zu werden? Es gibt ja unzählige unterschiedliche Möglichkeiten: Ein kleiner Chor weckt Sie morgens mit Ihrem Lieblingslied. Jemand fährt mit einer festlich geschmückten Kutsche vor und lädt Sie unter dem Jubel der Gäste zu einer Rundfahrt durch die Nachbarschaft ein. Die Feier beginnt damit, dass Ihr Freundeskreis Ihnen eine selbst gebaute Gartenbank mitbringt und Sie gleich im Garten auf Ihren Lieblingsplatz stellt. Der Kaffeekreis führt ein Theaterstück auf, die Bürgermeisterin schaut vorbei und plötzlich steht auch noch Ihre Schwester in der Tür, obwohl sie 600 Kilometer entfernt wohnt. Lauter Überraschungen!

Lassen Sie sich auch sonst gern angenehm überraschen? Sie freuen sich, wenn wider Erwarten doch die Sonne scheint, Sie genießen ein paar Tage zusätzlichen Urlaub, Sie haben Tränen in den Augen, wenn Ihre Nachbarin Sie aus dem Krankenhaus anruft und sagt: »Stell dir vor, ich werde als geheilt entlassen!« Sie jubeln über die Zusage, mit der Sie gar nicht mehr gerechnet hatten, und Sie freuen sich über den Anruf Ihres Sohnes nach so langer »Sendepause«.

Bestimmt überraschen Sie sich manchmal auch selbst. Das geht nicht? O doch, Sie lassen sich selbst immer wieder von sich überraschen! Sie gehen über die Brücke, obwohl Sie Höhenangst haben. Sie entschließen sich im letzten Augenblick, doch das Konzert zu besuchen. Sie sagen einem Kollegen endlich mal deutlich Ihre Meinung. Sie unternehmen einen schönen Spaziergang, obwohl Sie doch gar keine Zeit haben. Sie nehmen all Ihren Mut zusammen und trauen sich in die »Höhle des Löwen«. Mitten im größten Trubel ziehen Sie sich zurück und gönnen sich einen Augenblick Stille. Sie pfeifen auf Ihre Sorgen und sind plötzlich richtig glücklich.

Wer offen ist für Überraschungen, ist auf jeden Fall ein sehr beweglicher, lebendiger Mensch. Und wer selbst gern andere überrascht, zeigt damit, wie sehr er die Menschen und das Leben liebt.

73 Besondere Menschen

Auf meinem Weg in die Altstadt erkenne ich ihn schon von Weitem. Mit seinem Rollator ist er unterwegs, blickt starr nach vorn, um nicht vom Weg abzukommen. Im letzten Augenblick erkennt er mich auch. Freundlich und eifrig grüßt er mich.

»So früh unterwegs, Klaus?«, frage ich.

»Du weißt doch, ich darf nicht rasten, sonst roste ich.« Schon ist er an mir vorbei. Ich sehe, wie ihn kurz darauf eine ältere Dame anspricht. Er grüßt sie, wechselt ein paar Worte, weiter geht es.

Viele Menschen hier kennen Klaus. Im Sommer sitzt er oft vor dem Stift, in dem er auch wohnt. Von »seiner« Bank grüßt er fleißig und wird auch zurückgegrüßt. Man kennt sich.

Das Sprechen fällt ihm schon etwas schwer. Das Gehen erst recht. Trotzdem macht er weiter. Ein kurzer Plausch, ein langer Spaziergang – sein Arzt hat ihm Bewegung verordnet.

Gestern traf ich ihn unterwegs mit einer jungen Frau. Sie ist Therapeutin, und jede Woche begleitet sie ihn zweimal für eine Stunde auf seinen Wegen, gibt Hinweise und muntert ihn auf. Wenn sie mit ihm unterwegs ist, ist er kurz angebunden. »Hallo«, ruft er mir entgegen, »das ist meine Physiotherapeutin. Muss schnell weiter.« Einen sehr stolzen Eindruck erweckt er mit der jungen Frau an seiner Seite.

Viele Menschen, die ihn von seinen Rundgängen oder seiner Bank kennen, sprechen ein paar Worte mit ihm. Sie freuen sich, ihm etwas Freude zu schenken, indem sie ihn beachten und wertschätzen. Klaus ist ja auch immer freundlich – freundlich und ziemlich leidend, weil er mit seiner Gesundheit unzufrieden ist.

Ich habe allerdings den Eindruck, dass es eher Klaus mit seinem Rollator ist, der den Menschen eine Freude macht. Sie strahlen, wenn er die Hand zum Gruß erhebt und sein »Hallo« ruft. Wäre er nicht da, würde er der Stadt fehlen.

Danke für Klaus und alle Menschen – egal wie alt oder hilfsbedürftig –, die unserer Stadt und unserem Leben etwas Menschlichkeit und Freude schenken. Vielleicht treffen Sie Klaus auch heute und freuen sich über sein »Hallo«. Klaus, oder wie heißt er in Ihrem Ort?

74 Neid ablegen

Das Wort Neidgesellschaft ist bei uns zu einem gebräuchlichen Schlagwort geworden. Neid kann unsere Seele zerfressen. Neid regiert überall dort, wo Menschen ihre persönliche Situation als ungerecht ansehen, während es anderen ihrer Meinung nach viel zu gut geht: Politiker bekommen zu hohe Pensionen. Reiche zahlen viel zu wenig Steuern. Jugendliche arbeiten zu wenig und leben nur für ihren Spaß. Lehrer haben zu lange Ferien.

Besonders bitter kann der Neid im persönlichen Umfeld sein, wenn wir unsere Situation mit der unserer Nachbarn, Bekannten und Kollegen vergleichen:

- Warum müssen schon wieder ein neues Auto haben, und dann noch so ein Sprit schluckendes Monster?
- Warum hat gerade der den Posten bekommen und nicht ich? Warum muss die schon wieder arbeiten, obwohl ihre Kinder noch so klein sind?
- Warum ist der Kerl so beliebt, obwohl er völlig unzuverlässig ist?
- Warum ist sie so erfolgreich, obwohl ich ihr haushoch überlegen bin?
- Warum drehen sich alle nach der um?

Was ist da passiert? Wir sind völlig damit beschäftigt, auf andere zu blicken und zu vergleichen. Irgendjemanden finden wir dabei immer, der mehr hat oder weniger tut als wir. Und das ist schwer auszuhalten. Wenn wir nur die anderen sehen, verlieren wir uns selbst. Wenn wir nur vergleichen, sind wir ständig unzufrieden.

Der erste Schritt hinaus aus dem Neid schenkt uns bereits eine Menge Entlastung: Wir hören auf, uns auf diese Weise das Leben zu verderben. Wir hören auf, uns ständig mit anderen zu vergleichen. Wir sind dankbar für alles, was unser eigenes Leben bereichert. Wir stellen erfreut fest, wie gut es uns doch – trotz aller Einschränkungen – geht.

Der zweite Schritt heilt unsere Seele: Wir freuen uns mit den anderen, wo immer es uns möglich ist. Wir freuen uns mit den Nachbarn über ihr neues Auto und gratulieren der neuen Vorsitzenden von Herzen zu ihrer Wahl.

Was für eine Verwandlung! Statt uns vom Neid zerfressen zu lassen, sind wir zu dankbaren Menschen geworden, die sich immer wieder einmal mit ihren Mitmenschen freuen. So bringt das Leben wirklich Spaß!

75 Selber denken

Vor Kurzem besuchte ich den Ort Arendsee in Sachsen-Anhalt. Dort lebte viele Jahre Gustaf Nagel. Er wandte sich schon in jungen Jahren der Naturheilkunde zu und predigte über die Liebe Gottes und die Gesundheit durch die Natur. Er lief im Sommer und Winter fast nur barfuß und war dabei nur leicht bekleidet. Viele Leute damals dachten, er sei nicht ganz normal. Einige Bürger versuchten, seine Entmündigung zu erreichen. In der Zeit des Nationalsozialismus, den er heftig kritisierte, landete er in der Heilanstalt. Als er später die sowjetischen Besatzer und die Führung der DDR kritisierte, landete er wieder dort. Mit einem Sonderling wie ihm, so dachten viele, muss man sich nicht abgeben. Heute würde er wohl eher für einen Hippie, einen Freidenker oder Wanderprediger gehalten werden.

Sind Sie auch mit dem Satz aufgewachsen: »Was sollen denn die Leute denken?« Wenn ja, dann erfuhren Sie wahrscheinlich nie, welche Leute speziell gemeint waren. Aber Sie konnten es sich natürlich denken: die vornehmen Nachbarn, der gefürchtete Polizist, die engagierte Lehrerin, die übergenauen Großeltern, der strenge Pfarrer, der Schulbusfahrer, die Tante, die Schulkameraden und deren Eltern, die Kollegen Ihres

Vaters und alle Spaziergänger, die an Ihrem Elternhaus vorbeigingen.
Was sollen denn die Leute denken, wenn wir laut lachen, wenn wir unser Fahrrad nicht putzen, wenn wir zwei verschiedene Socken anhaben, uns nicht artig für ein Geschenk bedanken, nicht gehorchen, uns schmutzig machen oder nicht »ordentlich« antworten?
Nun, die Zeiten haben sich geändert. Vor allem in größeren Orten wird kaum noch gefragt, was die Leute denken. Außerdem sind wir heute längst keine kleinen Kinder mehr, die sich vorschreiben lassen, was sie tun und was sie denken. Wie gut, dass unsere Meinung nicht abhängig ist von dem, was die Leute sagen! Wie gut, dass wir selbst entscheiden können, was wir denken, glauben und tun! Sie wissen doch: Die Gedanken sind frei! Also lassen Sie uns die Freiheit des Denkens gebührend feiern!

76 Wahrer Reichtum

Sie kennen sicherlich auch Menschen, bei denen sich alles ums Geld dreht. Wenn sie den Satz sagen: »Zeit ist Geld!«, vielleicht nur so nebenbei, dann drücken sie damit aus, dass Geld ihr wichtigster Maßstab ist. Sie wollen ihre Zeit nicht »verschwenden«, sondern gewinnbringend investieren. Ihre Gespräche kreisen um Aktienkurse, Steuerkonzepte, Zinssätze und Immobilien. Was für ein trostloses Leben! Wahrscheinlich sind diese Menschen innerlich leer und werden es bleiben, solange Wohlstand und Besitz ihre wichtigsten Ziele sind. Sie sind arm, auch wenn sie viel Geld haben. Ihre Seele friert.

Wie ist das bei Ihnen? Was ist Ihnen im Leben wichtig, wirklich wichtig? Was hat einen höheren Stellenwert als Besitz und viel Geld? Überlegen Sie ruhig einen Augenblick lang. Fertig?

Vielleicht denken Sie an ein glückliches Familienleben, das Ihnen so viel bedeutet, oder an gute, zuverlässige Freundschaften. Vielleicht fallen Ihnen ehrliche, intensive Gespräche mit interessanten Menschen ein oder die selbstverständliche Hilfe unter Nachbarn. Vielleicht stellt ihr Glaube an einen liebevollen Gott jeden finanziellen Reichtum in den Schatten, vielleicht ihre Liebe zur Musik, die Freude an der Natur oder die Lust, sich zu bewegen. Vielleicht denken Sie gerade jetzt an das fröhliche Spielen mit den Kindern draußen im Garten oder an lange Spaziergänge abends in die untergehende Sonne.

Was für eine Vielfalt von guten Lebensmöglichkeiten tut sich uns da auf! Das alles und viel mehr kann und darf unser Leben bereichern. Gottes Schöpfung ist so vielfältig. Und wie es aussieht, ist auch Ihr Leben reich und vielfältig.

Ist es nicht wunderbar, dass Sie auch ohne viel Geld sehr reich sein können? Die wirklich wichtigen Dinge, das wissen wir längst, können wir nicht kaufen – Glaube, Liebe, Hoffnung, Vertrauen und tiefe Freude. Die wirklich wichtigen Dinge können wir uns nur schenken lassen. Warum sie uns guttun? Weil sie unsere Seele berühren.

77 Das Geschenk des Gottvertrauens

Natürlich wäre ich ohne meine Eltern nicht am Leben. Und als ich geboren war, haben sie begonnen, mich zu umhegen und zu pflegen, zu lieben und zu versorgen, bis ich auf eigenen Beinen stehen konnte. Ich bin ihnen für alles dankbar. Doch ich glaube, dass ich mein Leben nicht nur ihnen allein zu verdanken habe, sondern zugleich einem, der größer ist als wir alle und als alles, was ich mir vorstellen kann. Ich glaube, er dachte schon an mich, als meine Eltern noch gar nicht lebten. Und an meine Eltern dachte er auch. Der Psalmdichter sagt das in seiner dichterischen Sprache so: »Ehe die Berge und die Erde geschaffen wurden, bist du, Gott, von Ewigkeit zu Ewigkeit« (Psalm 90,2).

Ich nenne ihn Gott, so wie die Menschen es eben auch früher getan haben. Ich will ihn damit nicht einengen, kleinmachen oder in einer Schublade ablegen. Ich nenne ihn so und denke dabei an das Leben und die Liebe. Es heißt doch: Gott ist die Liebe. Und sicher übersteigt er all meine Gedanken und die Vorstellungen, die ich mir von ihm mache.

Es ist jetzt schon etliche Jahre her, dass er mir das Leben geschenkt hat. Und oft zwischendurch habe ich an ihn gedacht und dabei ab und zu leise danke gesagt. Ich bin

sicher, dass etwas von seiner Liebe und seinem Leben auch in mir lebt. Davon weiß meine Seele bestimmt mehr als mein Verstand.
Ich stelle ihn mir »unendlich« vor. Unendlich viel Leben und unendlich viel Liebe. Leben und Liebe, das ist alles, was ich brauche. Darum mache ich mir auch nicht zu viele Gedanken über den Tod und das Sterben. Auch wenn ich manchmal zweifelnd frage: »Und wo ist Gott jetzt?«, vertraue ich darauf, eines Tages zu ihm heimzukehren, dorthin, wo die Liebe ist und das Leben.
Wie gut, wenn wir dieses Vertrauen in die Liebe Gottes kennen! Sicher, jeder Mensch hat seine eigene Vorstellung von Gott. Jeder vertraut ihm auf seine persönliche Weise. Aber für jeden gilt: Wer darauf vertraut, für immer von seiner Liebe umgeben zu sein, hat das größte Geschenk seines Lebens bereits erhalten.

78 Glückliche Menschen

Wer etwas für sein Glück tun will, wird schnell von seinen Mitmenschen skeptisch beäugt und oft sogar als Egoist hingestellt. Ich halte das für ein gefährliches Vorurteil. Ich bin im Gegenteil fest davon überzeugt, dass unsere Welt mehr glückliche Menschen braucht.

Was ist überhaupt ein Egoist? Egoistisch sind wir, wenn wir unser »Glück« auf Kosten anderer machen wollen oder nicht bereit sind, den Preis für das Glück zu »bezahlen«. Denn der Preis ist immer, dass wir an uns arbeiten, teilweise unter beträchtlichen Mühen und Schmerzen, dass wir ehrlich zu uns selbst sind und dass wir bereit sind, unnötige Lasten abzulegen, alte Wunden heilen zu lassen und fremde Schuld zu vergeben.

Egoistisch sind wir, wenn wir auf dem Weg zum Glück zu viel arbeiten und damit uns selbst und unsere Angehörigen schädigen. Egoistisch sind wir, wenn wir echte Weiterentwicklung vermeiden oder wenn wir unersättlich sind und von allem immer mehr haben wollen. Egoisten sind ausschließlich mit sich selbst beschäftigt und im tiefsten Grunde ihres Herzens einsam und unglücklich.

Ich habe noch nie wirklich glückliche Menschen erlebt, die egoistisch sind. Die meisten glücklichen Menschen sind von unnötigen Zwängen befreit und damit frei auch für ihre Mitmenschen. Sie müssen nicht jammern und ständig betonen, wie schwer sie es haben. Sie machen sich nie selbst klein, aber oftmals ihre Mitmenschen groß. Sie lieben das Leben und machen unsere Welt auf verschiedene Weise liebenswerter. Häufig können wir von ihnen profitieren – von ihrer ansteckenden Lebensfreude, ihrer Offenheit, ihrem fröhlichen Lachen, ihrem Glück. Sie können unsere Wirklichkeit verändern. Glückliche Menschen tun uns einfach gut.

Wie ist das bei Ihnen? Sie wollen glücklich sein? Das ist gut. Sie sind bereits auf dem Weg dahin? Das ist noch besser. Sie sind bereits glücklich, wenigstens ab und zu? Herzlichen Glückwunsch! Ich hoffe, Sie stecken viele mit Ihrer Lebensfreude an. Sie wissen doch: Unsere Welt braucht mehr glückliche Menschen.

79 Geheimes Ehrenamt

Unterwegs in Berlin bei wunderbaren Menschen, die sich ehrenamtlich engagieren, steckte mir jemand einen Zettel zu. Tage später holte ich ihn aus meiner Tasche hervor. Darauf war ein Zitat abgedruckt von Albert Schweitzer, dem Friedensnobelpreisträger, Theologen, Musiker und Arzt, der sein Leben in den Dienst an den Menschen gestellt hat:

»Schafft euch ein Nebenamt, ein unscheinbares, womöglich ein geheimes Nebenamt! Tut die Augen auf und suchet, wo ein Mensch ein bisschen Zeit, ein bisschen Teilnahme, ein bisschen Gesellschaft, ein bisschen Fürsorge braucht. Vielleicht ist es ein Einsamer, ein Verbitterter, ein Kranker, ein Ungeschickter, dem du etwas sein kannst. Vielleicht ist's ein Greis, vielleicht ein Kind. Wer kann die Verwendungen alle aufzählen, die das kostbare Betriebskapital, Mensch genannt, haben kann! An ihm fehlt es an allen Enden und Ecken. Darum suche, ob sich nicht eine Anlage für dein Menschentum finde. Lass dich nicht abschrecken, wenn du warten oder experimentieren musst. Auch auf Enttäuschungen sei gefasst.«

Albert Schweitzer meint hier also nicht nur das offizielle Ehrenamt, sondern alles, was von Mensch zu Mensch geschieht. Ein Nebenamt ohne Urkunde, ohne Auszeichnung, Lobrede und Orden.
Wer sich zu den Obdachlosen am Rand des Parks setzt und mit ihnen spricht, tut das als Mensch, der anderen Menschen begegnet, mehr nicht. Aber auch nicht weniger. Und beide Seiten können dabei gewinnen.
Wer die gehbehinderte Nachbarin fragt, ob er ihr etwas aus dem Supermarkt mitbringen kann, tut das nicht »offiziell«. Er tut es als Mensch und Nachbar.
Wer sich in der Kneipe von einem Fremden die ganze Lebens- und Leidensgeschichte anhört, tut das ohne Auftrag der Inneren Mission. Er macht es, weil sich zwei Menschen als Menschen begegnen. Und jedes Mal, wenn das geschieht, wird die Welt ein wenig menschlicher. Wie gut, wenn wir das miterleben dürfen! Und noch besser: Wie gut, wenn wir selbst einer dieser Menschen sind!

80 Ein Wagnis eingehen

Mögen Sie Gewitter? Ich liebe das Naturschauspiel, die Naturgewalt, den prasselnden Regen, die zuckenden Blitze, das Grollen, das Donnern und alles zusammen. Gern stehe ich dann in der Nacht auf der Terrasse und schaue zu, nicht nur wie bei einem Film, nein, ich bin selbst mittendrin. Und manchmal traue ich mich, schnappe mir einen Schirm und ziehe hinaus. Unvernünftig? Vielleicht. Ich kenne genügend Menschen, die sich lieber in der Wohnung verschanzen.

Lieben Sie die Berge? Ich bin gern dort oben unterwegs, nicht nur auf den breiten Wegen, sondern vor allem auf den schmalen, steilen Stiegen. Ich kenne die Spaziergänger, die davor warnen, von den breiten Wegen abzukommen: »Das ist viel zu anstrengend. Und was da alles passieren kann!«

Lieben Sie die Wildnis? Ich bin gern irgendwo in Schweden unterwegs. Da, wo alle Wege enden, finde ich es besonders schön. Und wenn ich Glück habe, begegnet mir im Morgengrauen ein ausgewachsener Elch. Das ist viel zu gefährlich, höre ich dann manches Mal.

Das Leben ist gefährlich, ob wir wollen oder nicht. Es kann uns täglich etwas passieren. Wir können einen Schnupfen kriegen oder uns ein Bein brechen. Wir

können auf falsche Versprechen hereinfallen oder einen Freund verlieren. Wir können einen Autounfall erleiden oder uns die Finger verbrennen.
Das Leben ist gefährlich. Und darum verzichten viele Menschen lieber darauf zu leben. Sie haben alle Hände voll zu tun, sich zu schonen, sich abzusichern, sich zu verstecken und zurückzuhalten.
Ich will leben, auch wenn das Leben gefährlich ist. Ich will hinaus und Abenteuer bestehen. Ich will aufs Eis, auch wenn ich nass werden könnte. Ich will in die Sonne, auch wenn ich mir einen Sonnenbrand holen könnte. Ich will unter Menschen gehen, auch wenn sie mich enttäuschen könnten. Ich will Herausforderungen annehmen, auch wenn ich scheitern könnte.
Nein, nicht die Gefahr suchen, nicht fahrlässig sein – aber jeden Tag neu das Wagnis des Lebens eingehen. Machen Sie mit?

81 Veränderung zulassen

Es gibt Zeiten, in denen ein Mensch erst einmal für sich selbst sorgen muss, bevor er auch für andere da sein kann.
Wer zum Beispiel ständig klagt und jammert, wie schlecht es ihm geht und wie ungerecht alles ist, muss wahrscheinlich erst einmal ins eigene Leben investieren. Sicherlich braucht er einen neuen Blickwinkel, um auch die positiven Seiten des Lebens zu sehen. Dann können unangenehme Probleme vielleicht schon bald zu wunderbaren Möglichkeiten werden. Dann kann sich eine Enttäuschung in einen neuen Anfang verwandeln.
Manche Menschen haben die Kirche als einen Ort erfahren, an dem das möglich ist. Für sie ist das Wort Jesu »Kommt her zu mir, die ihr mühselig und beladen seid! Ich will euch erquicken!« Wirklichkeit geworden. Sie ließen sich »erquicken« (was so viel heißt wie quicklebendig werden). Sie sahen das Leben hinterher aus einem neuen Blickwinkel. Sie wurden verändert.
Andere erleben Kirche dagegen als Jammerzone, wo sich die Mühseligen und Beladenen, vielleicht auch die Selbstgerechten, versammeln, wo aber von »Erquickung« nichts zu spüren ist. Schade um jede verpasste

Gelegenheit! Schade, wenn Kirche als bedrückend und einengend erlebt wird und nicht als befreiend!

Die entscheidende Frage ist: Wollen wir überhaupt einen neuen Blickwinkel? Wollen wir tatsächlich frei sein? Wollen wir wirklich vom Zuschauer zum Mitspieler werden? Sind wir bereit, die Hindernisse aus dem Weg zu räumen, oder machen wir lieber andere dafür verantwortlich und bleiben selbst passiv?

Jeder Mensch ist zuerst einmal für sich selbst verantwortlich, für die eigene Lebensfreude, für seine Gesundheit, seinen Glauben, für das innere Wachstum und für das eigene Wohlbefinden. Und bevor wir anderen etwas geben können, ist es wichtig, dass wir selbst zu Veränderung und Heilung bereit sind. Wie gut, dass es zahllose Menschen gibt, die diese Erfahrung in ihrem Leben gemacht haben! Das tut ihnen gut. Und das tut auch ihren Mitmenschen gut.

Damals, als wir geboren wurden, schlummerten in uns bereits zahlreiche Gaben und Fähigkeiten. Doch sie brauchten viel Zeit und eine gute, kreative Umgebung. Sie brauchten Menschen, die uns begleiteten und liebten, herausforderten, lobten und korrigierten.

So lernten wir laufen und springen, sprechen und basteln, schreiben und singen – so wie die meisten anderen Kinder auch. Wir entdeckten in uns bald auch besondere Stärken, die wir mit Fleiß und Freude weiterentwickelten. Vielleicht konnten wir besonders gut rechnen oder geschickt Rad fahren, ein Instrument spielen oder eine kleine Jugendgruppe anführen, vielleicht waren wir besonders aufgeweckt oder gewannen schnell die Herzen der Erwachsenen.

Wir haben sicher längst nicht aus all unseren Fähigkeiten etwas gemacht. Wahrscheinlich kennen wir einige von ihnen noch gar nicht. Doch es ist nicht zu spät, auch wenn wir längst kein Kind mehr sind und die Schule schon vor Jahren hinter uns gelassen haben.

Ich denke an Marlies, die erst mit 70 Jahren begann, Gesangsunterricht zu nehmen. Oder an einen guten Freund, der bereits fast 50 war, als er mit dem Malen und der Bildhauerei begann. Inzwischen kann er auf etliche erfolgreiche Ausstellungen zurückblicken. Mir fällt eine ältere Dame ein, die von Bildungsvereinen eingeladen wird, Vorträge zu halten. »Noch vor zehn Jahren hätte ich mich nie getraut, vor so vielen Menschen zu sprechen«, gestand sie mir entwaffnend ehrlich. Ich denke an einen älteren Herrn, der nach seiner Berufstätigkeit noch begann, Alte Geschichte zu studieren. Und mir fällt die Hausdame eines Studentenwohnheims ein, die mit 59 im vierten Anlauf die Führerscheinprüfung bestand.

Was für ein Glück bedeutet es für jeden Menschen, der auch noch in der zweiten Lebenshälfte neue Gaben und Fähigkeiten an sich entdeckt und diese konsequent weiterentwickelt! Ist es nicht fantastisch, welches Potenzial, welche Kreativität und welche guten Möglichkeiten in uns allen stecken?

83 Lachen tut gut

Bei einer Geburtstagsfeier saß ein junges Mädchen etwas abseits in der Ecke. Man sah ihr an, dass sie nicht gerade glücklich war. Die gute Stimmung bei der Feier war nicht auf sie übergesprungen. Jemand fragte, was sie bedrückte. »Ich habe Stress zu Hause mit meinen Eltern. Und heute in der Schule sagte der Mathelehrer, ich sei zu faul.« Es entwickelte sich ein Gespräch, in dem sie erzählte, dass es zu Hause ab und zu Streit gebe. »Aber das ist dann meistens schnell vorbei. Eigentlich verstehen wir uns echt gut. Und der Mathelehrer hat wahrscheinlich recht. Aber das Fach liegt mir nun wirklich nicht.« Dabei lächelte sie schon ein wenig. Als der Gesprächspartner dann von seinen Kindern und deren »Schulerfahrungen« erzählte, lachte sie mehrmals laut auf. Den Rest der Feier saß sie übrigens fröhlich zwischen den anderen Geburtstagsgästen.

Sie kennen das. In bestimmten Situationen bedauern wir uns selbst und denken: »Mir geht es echt schlecht. Ich habe wirklich nichts zu lachen!« Vielleicht haben wir unsere Mitmenschen enttäuscht, vielleicht unsere Arbeitsstelle verloren, vielleicht haben wir einen Unfall erlitten oder werden mit unseren Problemen nicht fertig.

Wir haben nichts zu lachen, und das sieht man uns an. Wir wirken verschlossen und unzufrieden. Wir befinden uns in einer Stimmung, in der alles nur noch schlimmer wird. Unsere Probleme werden so noch größer und unsere Situation langsam unerträglich.

Wir haben nichts zu lachen? Warum eigentlich nicht? Wir stellen uns unsere Situation bildlich vor, unsere Probleme, unsere Mitmenschen, und wir dazwischen mit hängenden Mundwinkeln. Zum Weinen oder zum Lachen! Also dann schon lieber lachen. Anderen geht es viel schlechter, aber wir tun, als wenn wir alles Leid dieser Welt zu tragen hätten. Vielleicht nehmen wir uns und unsere »Probleme« einfach viel zu ernst.

Es gibt nur einen guten Ausweg: Wir beginnen zu lachen. Zuerst nur zaghaft, vorsichtig, versuchsweise, dann ganz ungehemmt. Und während wir lachen, spüren wir bereits die Veränderung. Oh wie kann das Leben schön sein!

84 Einzigartig geschaffen

Hanna nahm die Post aus dem Briefkasten und ging wieder die Treppe hoch. Ein ganzer Stapel, das hat sich ja gelohnt, dachte sie bei sich. Unterwegs sortierte sie schon einmal. Das meiste war Werbung. Dazu ein oder zwei Rechnungen. Wer schreibt heute schon noch richtige Briefe, seit es so einfach ist, seine Nachrichten mit ein paar Klicks ins Netz und um die Welt zu schicken. Doch da entdeckte sie zwischen der anderen Post tatsächlich so ein seltenes Exemplar – Adresse und Absender waren schön von Hand geschrieben, mit zwei bunten Sondermarken frankiert. Ein Brief von einer guten Freundin, die inzwischen in einer anderen Stadt lebt.
Zurück in ihrer Wohnung öffnete Hanna vorsichtig und etwas aufgeregt den Brief. Oben auf der Seite las sie: »Einmalig bist du, einzigartig. Niemand ist wie du.« Natürlich wollte die Freundin Hanna damit eine Freude machen. Doch sonderbar, die Freude hielt sich in engen Grenzen.
Hanna kam ins Grübeln: Will ich überhaupt einzigartig sein?
Will ich anders sein als die anderen?
Wer anders ist, kann schließlich schnell sehr einsam sein. Die Mitmenschen lassen ihn seine Andersartig-

keit oft brutal spüren. Deshalb ist es den meisten von uns sehr wichtig, nicht zu sehr aus der Reihe zu tanzen, stets mitreden zu können und der Mode zu folgen. Wer will schon anders sein?
Obwohl, so überlegte Hanna weiter, ein bisschen anders will ich schon sein. Ich will nicht im Einheitsbrei versinken. Ich kleide mich gern originell, habe ungewöhnliche Hobbys und sage gern meine Meinung, auch wenn ich damit Widerstand ernte. Außerdem ärgere ich mich, wenn ich mit anderen verwechselt werde oder sich niemand an mich erinnern kann. Vielleicht bin ich ja gerade dann am einsamsten, wenn ich versuche, meine Einzigartigkeit vor den anderen zu verstecken.
Jeder Mensch ist einzigartig geschaffen, ist das nicht eine wunderbare Vorstellung? Nicht besser als die anderen – aber ein Original mit vielen besonderen Fähigkeiten und Möglichkeiten!

85 Seelisches Grundvertrauen

Es geht um alles, um unsere letzte Existenz, wenn wir uns die Frage nach Sein oder Nichtsein stellen, nach Leben oder Tod. »Warum lebe ich?«, geht es uns immer wieder durch den Kopf. »Was ist der Sinn des Lebens? Ist alles irgendwann vergangen und vergessen? Ist meine Existenz, ist alles auf der Erde mit dem Tod vorbei? War alles Leiden und Lieben am Ende umsonst?«

Diese Fragen machen uns deutlich, dass für uns nicht alles im Leben machbar ist. Wir haben nicht alles im Griff und stehen vor den letzten Fragen des Lebens immer wieder mehr als ratlos. Vielleicht fühlen wir uns manchmal wie damals als kleines Kind, allein im dunklen Keller – verlassen und hilflos. Wir sind geboren ohne unser Zutun und wissen nicht warum. Wir werden eines Tages sterben und können absolut nichts dagegen tun. Wir sind ein Teil der Natur. Wir sind ein Geschöpf.

Ein Geschöpf? Was soll das heißen? Von wem sind wir geschaffen? Sind wir überhaupt »geschaffen«? Wie sind wir entstanden? Durch Zufall oder einen liebevollen Gott?

Jemand sagte einmal: »Mein Verstand kommt bei den letzten Dingen im Leben schnell an seine Grenzen. Aber meine Seele weiß viel mehr davon.« Vielleicht schenkt die Seele uns eine Art Grundvertrauen, dass da jemand ist, der an uns Interesse hat, der uns nahe ist, uns liebt und behütet. Vielleicht weiß die Seele davon, weil sie einen göttlichen Funken in sich trägt?

Was für ein Geschenk ist es, wenn Menschen mit diesem Vertrauen leben! Wie belebend ist es für sie, immer wieder auf ihre Seele zu hören, die von Gott und seiner Liebe so viel mehr weiß als der Verstand!

Überhaupt: Wer das Leben feiern will, wird wahrscheinlich schnell feststellen, dass der Verstand mit dem Feiern seine Probleme hat. »Was soll das?« ist seine Lieblingsfrage. Und während er noch lange hin und her überlegt, ob er mitfeiern oder sich in seine Gedankenwelt zurückziehen sollte, bekommt er gar nicht mit, dass die Seele längst unterwegs zur Tanzfläche ist.

86 Sich verändern

Nach längerer Zeit war Julia wieder einmal zu Besuch bei ihrer Mutter. Die lebte seit dem Tod von Julias Vater vor über fünf Jahren allein in dem Reihenhaus, in dem schon Julia die letzten Jahre ihrer Kindheit und Jugend verbracht hatte.

Julia wusste bereits vorher, was sie dort erwartete: Ihre Mutter holte, wie schon so oft, die alten Fotos von Julia und der Familie hervor und begann, von damals zu erzählen. »Du warst so ein braves Kind. Du warst fleißig und hast stets getan, was wir dir gesagt haben …«

Julias Gedanken schweiften ab. Während ihre Mutter weiter erzählte, zog sie für sich eine andere Bilanz: Schon lange bin ich nicht mehr das brave Mädchen, das immer tut, was andere ihr sagen. Ich muss mich wohl ganz schön verändert haben! Was bin ich froh, dass ich heute viele Dinge anders sehe als früher. In vielem habe ich eine völlig andere Meinung als damals. Schade, dass meine Mutter mich immer noch so sieht wie … Sie schreckte auf.

»Hörst du mir gar nicht zu?«, fragte die Mutter beleidigt. »Ich wollte von dir wissen, ob du heute Abend mit zum Klarinettenkonzert kommst. Das ist doch dein Lieblingsinstrument.«

Julia hatte jetzt arge Probleme, ihrer Mutter zu erklären, dass sie schon seit vielen Jahren nicht mehr Klarinette spielt und dass sich ihr Musikgeschmack sowieso völlig verändert hat. »Aber Kind, wieso denn das?«

Wie gut, dass wir unsere Meinung ändern können! Wie gut, dass wir uns verändern können und nicht ein Leben lang festgelegt sind in dem, was wir mögen, lieben oder glauben! Denn wer will sich schon gern mit seinen Ansichten und Überzeugungen in eine Schublade einordnen lassen?

Wir können zuverlässig sein und trotzdem offen für Neues. Treue hat nichts mit Stillstand zu tun. Leben bedeutet schließlich, ständig zu wachsen und dazuzulernen. Und ein gesundes Selbstwertgefühl können wir nur entwickeln, wenn wir an uns arbeiten und beweglich sind.

Manchmal scheint der alte Satz zu stimmen: »Nur wer sich verändert, bleibt sich treu.« Auf die Veränderung!

87 Leise danke sagen

Die Jahre vergehen, die Monate, Tage und Stunden. Unterschiedliche Menschen kommen in unser Leben und gehen wieder. Alle schönen Erlebnisse sind schon nach kurzer Zeit Vergangenheit. Unsere spannenden Abenteuer, unerwarteten Erfolge und unvergesslichen Begegnungen, unsere Träume und Freudentränen – alles geht einmal vorbei. Manches hat sich uns tief eingeprägt, anderes haben wir längst wieder vergessen.
Gern würden wir diese Jahre festhalten und unsere schönsten Augenblicke immer wiederholen können. Doch wir wissen selbst, dass das nicht möglich ist. Jeder Tag wird abgelöst durch einen neuen. Jeder Stunde folgt die nächste.
Gerade in dieser Sekunde erleben wir einen neuen Augenblick. In ihn hineingehen, hineinkriechen – das ist die einzige Möglichkeit, intensiv zu leben. Darum sei willkommen, Augenblick! Was zählt, ist dann nicht mehr die Vergangenheit, nicht mehr die schöne Erinnerung. Es zählt dieser eine Moment.
Einen Menschen lieben können wir nur jetzt, nicht damals oder irgendwann in der Zukunft. Mit unseren Kindern spielen können wir nur in diesem Augenblick. Jemanden um Verzeihung bitten, eine Polka tanzen, ein

Gebet sprechen oder glücklich in die Sonne blinzeln – all das geht nur jetzt und heute. Nur jetzt können wir diesen Tag leben, genießen und gestalten.
»Sag beim Abschied leise Servus«, heißt es in einem alten Lied. Servus, das Leben geht weiter. Doch intensives Leben heißt mehr. Es heißt, auch danke zu sagen, nicht nur Servus. Danke für diesen Augenblick, danke für die gemeinsame Zeit, danke für die Melodie des Lebens, die uns schon immer begleitet.
Und plötzlich, während wir noch das Wort »Danke« auf den Lippen haben, kommen doch noch die Vergangenheit und die Gegenwart und vielleicht auch die Zukunft zusammen. Wir stellen erfreut fest, was für ein reiches, intensives Leben wir hatten und immer noch haben.
Das Leben feiern und leise danke sagen – da treffen sich die tiefsten Erinnerungen, der lebendige Augenblick und all die guten Hoffnungen und Träume.

Die Komfortzone verlassen

Für Iris war ihr Geburtstag, wie schon in den vergangenen Jahren, ein sehr aufregender Tag. Schon seit Wochen hatte sie sich darauf gefreut. Geburtstag – da tut sie gern manches, wofür sie sich an anderen Tagen keine Zeit nimmt. Gleich morgens früh machte sie einen ausgedehnten Spaziergang. Sie war auf dem ganzen Weg ausgesprochen fröhlich und beschwingt. Sie plauderte angeregt mit Menschen, die sie unterwegs traf. Am Marktplatz gönnte sie sich einen Espresso. Dann ging sie zum »Obdachlosentreff« vor dem Supermarkt und spendierte Eis für alle. Später am Tag war sie eine charmante Gastgeberin auf ihrer Geburtstagsfeier. Sie hielt eine launige Rede, sang lustige Lieder und hatte sichtbar gute Laune. So feierte sie mit ihren Gästen ein tolles Fest, tanzte vergnügt und erlebte einen unvergesslichen Abend.

Als alle Gäste gegangen waren, setzte sie sich noch gemütlich auf ihr Sofa. Sie war müde und kaputt, aber glücklich. Das war ein schöner Tag! Noch einmal ging sie die vergangenen Stunden in Gedanken durch.

Warum eigentlich, fragte sie sich und hatte ihre Müdigkeit längst vergessen, warum bin ich an meinem Geburtstag so aufgeschlossen und lebendig, sonst aber meistens eher passiv? Oft sitze ich bequem im Sessel und träume von tollen Festen oder großen Abenteuern. Ich beobachte im Fernsehen Menschen, die Leben spielen und vieles von dem »vorführen«, was ich gern tun würde. Dazu kann ich mich leider viel zu selten aufraffen. Ich wünsche mir, dass es sich im neuen Jahr ändern wird. Ich bin dazu bereit.

So kann ein Geburtstag einen Menschen daran erinnern, dass es auch anders geht. Denn in fast jedem lebt die Sehnsucht, sich zu bewegen und zu verändern, etwas zu wagen, auf andere zuzugehen und Neues zu entdecken.

Dieser Sehnsucht nachzugeben – das wäre nach dem Geburtstag der zweite Grund zu feiern. Und alle, die diesen Schritt bereits getan haben, könnten fröhlich mitfeiern. Der bequeme Sessel muss dann wohl öfter einmal leer bleiben.

89 Abschied nehmen

Renate liebte die Stadt. Wohl hauptsächlich wegen ihrer kleinen Kinder zog sie aufs Land. Sie wollte ihnen den Lärm, den Stress, die schlechte Luft und die Gefahren der Stadt ersparen. Sie war fest davon überzeugt, sich auch selbst auf dem Lande wohlzufühlen und dort zurechtzukommen. Von der Stille und gesunden Luft dort hatte sie ihren Freundinnen oft vorgeschwärmt.
Doch nach dem Umzug hatte sie nur noch Sehnsucht nach dem quirligen Leben in der Großstadt. Die Stille, die sie sich gewünscht hatte, empfand sie nur noch als bedrückend. Für die herrliche Landschaft hatte sie keinen Blick mehr. All ihre freie Zeit nutzte sie auf dieselbe Weise: Sie stieg ins Auto und fuhr »nach Hause« in die Stadt. Dort besuchte sie ihre Freundinnen und schnupperte Stadtluft.
Es dauerte mehr als sieben Jahre, bis sie in ihrer neuen Heimat auch innerlich angekommen war. Erst dann begann sie langsam, auch dort Kontakte zu knüpfen. In die Stadt fuhr sie nur noch ab und zu, und bei der Rückfahrt freute sie sich stets auf ihr Zuhause auf dem Land. »Ich glaube, ich habe einige Jahre meines Lebens verloren, weil ich innerlich nie richtig Abschied von der Stadt genommen habe«, sagte sie einmal im Rückblick.

Wir alle kennen Menschen, die nicht wirklich Abschied genommen haben von einer bestimmten Lebensphase, von Menschen oder Ansichten. Da ist ein Angestellter, der längst im Ruhestand lebt, aber noch fast täglich in der Firmenkantine zu Mittag isst und Ausschau hält nach Kolleginnen und Kollegen von früher. Da ist die alte Mutter, die das Kinderzimmer ihrer einzigen Tochter immer noch in dem Zustand belässt wie beim Auszug vor vielen Jahren. Da besucht ein Ehepaar, das in eine andere Stadt gezogen ist, immer noch den Gottesdienst in der alten Gemeinde, die fast hundert Kilometer entfernt liegt.

Jede Lebensphase, jede Veränderung, alles Neue können wir nur intensiv erleben, wenn wir Abschied von der Vergangenheit genommen haben. Und jeder gesunde Abschied und Neubeginn fügt der Landkarte unseres Lebens ein neues, wichtiges Teilchen hinzu.

90 Lieblingsorte

Sicher gibt es auch in Ihrem Leben viele Orte, an denen Sie sich nicht wohlfühlen. Vielleicht ist Ihnen die Klimaanlage im Großraumbüro viel zu laut, und außerdem bekommen Sie dort schnell eine Erkältung. Vielleicht haben Sie Angst auf dem unheimlichen Weg durch die Schlucht. In dem Wohnzimmer mit den dunklen Tapeten fühlen Sie sich seltsam beengt. Aus manchem Amt gehen Sie auch ohne Klimaanlage frierend wieder hinaus. In manchen Städten tun Ihnen die »Bausünden« der Siebzigerjahre fast körperlich weh. Zum Glück gibt es eine Menge Orte, an die Sie gern denken. Dort fühlen Sie sich wohl. Dort können Sie frei atmen und kommen sich manchmal sogar vor wie im Paradies. Sie merken, wie gut es Ihrer Seele tut. Sie leben auf. Sie möchten am liebsten länger hierbleiben. Manche dieser Orte werden auch von anderen geliebt. Sie haben die gleichen Empfindungen wie Sie. So werden solche Orte zu Treffpunkten von Menschen, die eine positive Atmosphäre suchen – Orte der Hoffnung, der Liebe, der Menschlichkeit. Mal ist es eine gastfreie Wohnung, ein romantischer Platz mitten in der Stadt, mal eine alte Kirche, ein kleines Café.

Überhaupt sind unsere Lieblingsorte meistens mit bestimmten Menschen verbunden. Da ist die Tante in Amerika, bei der wir ganz selbstverständlich wochenlang wohnen durften. Der Abschied fiel uns unsagbar schwer. Da ist die alte romanische Kirche, in der wir vor unserem inneren Auge die Gläubigen im Mittelalter versammelt sehen. Da ist der kleine Feinschmeckerladen, in dem wir schon spannende Geschichten über die Herkunft der verschiedenen Lebensmittel gehört haben. Und da ist der Antikhof in Mecklenburg, in dem alte Möbel mit viel Liebe und Sachverstand repariert werden.

Immer wieder sind solche positiven Orte für uns wie ein Stück Himmel auf der Erde. Schon die Erinnerung an so einen Ort hat uns aus manchem Gefühlstief wieder herausgeholt. Und diesen oder jenen positiven Ort haben wir vielleicht selbst auf unsere persönliche Weise mitgeprägt.

91 Zeiten der Stille

Viel zu oft rauscht das Leben mit hoher Lautstärke und in gewaltigem Tempo an uns vorbei. Es klingelt an der Tür. Waren wir überhaupt für heute verabredet? Während des Einkaufs sprechen uns mehrere Menschen an. Kennen wir die? Eine Besuchergruppe in der Firma kommt später als geplant. E-Mails »wollen« beantwortet werden. Das Telefon, nein, jetzt nicht! Der Wagen springt nicht an. Nach dreißig Minuten kommt ein Mechaniker. Er tut, als hätte er alle Zeit der Welt. Wir müssen doch gleich noch unsere Verwandten vom Bahnhof abholen. Das Leben rauscht vorbei und wir erleben es tatsächlich wie im Rausch.

Da hilft nur eines – dass wir zwischendurch Zeit reservieren um anzuhalten und zur Ruhe zu kommen. Möglichst einmal am Tag, mindestens jedoch einmal in der Woche kommen wir zu uns. Wenn kein Telefon stört, alles um uns herum still ist und wir nichts mehr erledigen müssen, gehen wir die vergangenen Stunden oder Tage noch einmal in aller Ruhe durch.

Was wollte die Besucherin am frühen Morgen wirklich? Sie hat sich so schnell wieder verabschiedet, weil wir stets auf die Uhr schauten. Warum wurden wir beim Einkaufen angesprochen? Was fühlten wir, als die Besuchergruppen hereinstürmten? Warum ärgerten wir uns über den Mechaniker, der doch ruhig und zügig seine Arbeit tat? Wollten wir ihn unbedingt mit unserer Ruhelosigkeit anstecken?

Erst jetzt in der Stille können wir manches entschlüsseln, was wir vorher nicht richtig aufgenommen oder verstanden haben. Erst jetzt hören wir richtig, was andere uns gesagt haben. Erst jetzt wird uns deutlich, was wir versäumt haben. Erst jetzt können wir deuten, einordnen und verarbeiten.

Manche Umwege und Sackgassen, manche Oberflächlichkeiten können wir uns durch eine regelmäßige stille Zeit sparen. So eine Auszeit hilft, unser Lebensziel nicht aus den Augen zu verlieren, immer mehr in die Tiefe zu gehen und wirklich zu uns zu kommen. Darum an dieser Stelle einmal danke für all die Erfahrungen, die wir in der Stille machen dürfen!

Träume verwirklichen

Haben Sie Zukunftsträume? Hoffentlich ja, denn sonst können Sie auch keine verwirklichen. Was sind Ihre Wünsche ans Leben? Nein, ich meine nicht das Traumhaus mit Blick aufs Meer oder in die Berge, auch nicht die Reise in die Karibik oder ein neues Badezimmer. Ich meine Träume mit dem Geruch von Freiheit und dem Geschmack des Ungewöhnlichen. Ich meine echte Herausforderungen, bei denen schon die Vorstellung reicht, dass Sie zu lächeln beginnen. Ich meine Abenteuer, die nicht viel kosten, aber die Sie persönlich faszinieren. Ich meine solche Träume, die in keinem Werbeprospekt zu finden sind und anderen vielleicht sogar ein wenig verrückt erscheinen.

In unserer Jugend hatten wir fast alle solche Träume und Wünsche. Und sicher haben wir auch einiges davon verwirklicht: Wir waren auf der langen Nacht der Gospelmusik, schliefen in fernen Städten in Gemeindehäusern auf dem Steinfußboden, zelteten heimlich direkt am Ufer der Ostsee, setzten dem Reiterdenkmal am Marktplatz nachts eine Pudelmütze auf (wir wurden zum Glück nie erwischt!) und testeten aus, wer am längsten ohne Schlaf auskommen konnte. Na ja, einiges war wirklich Geschmacksache!

Was sind heute Ihre Träume und Wünsche? Sind Sie noch voller Abenteuergeist, ins Leben und die Menschen verliebt und zugleich ein wenig »verrückt«? Es müssen partout nicht die Abenteuer aus Ihrer Jugendzeit sein. Aber doch Herausforderungen, bei denen Ihr Herz schneller schlägt und Sie sich aufgeregt fragen: »Ob ich mich wohl traue?«
Vielleicht nehmen Sie sich vor, einmal in der U-Bahn zu tanzen (auch ohne es auf Facebook zu veröffentlichen), mit einem Fischer nachts aufs Meer hinauszufahren oder in einem Obdachlosenheim Essen zu verteilen. Vielleicht verkaufen Sie einen Tag lang alten Krempel auf dem Flohmarkt für einen guten Zweck, melden sich freiwillig als Modell für die Prüfung der Friseurlehrlinge oder organisieren eine Wanderung »nachts durch unsere Stadt«. Kann das Leben nicht wunderbar aufregend sein?!

93 Fehler machen dürfen

Viele Menschen haben schon als Kind gelernt und verinnerlicht: Ich darf keine Fehler machen, sonst gibt es Ärger und Schwierigkeiten. Jede schlechte Zensur, jeder Rüffel, jede Strafpredigt sagte ihnen: Du hast schon wieder etwas falsch gemacht. Und das darf nicht sein! Sie haben schon damals darunter gelitten, dass »etwas mit ihnen nicht stimmen kann«.

Später, als diese Menschen längst erwachsen waren, wollten sie es endlich besser machen. Sie gaben sich die allergrößte Mühe, stets fehlerfrei zu leben. Sie wollten ihre Mitmenschen und vor allem Gott niemals enttäuschen. Natürlich scheiterten sie an diesem Maßstab. Und so waren sie ständig mit sich selbst unzufrieden. Manchmal hielten sie sich für elende Versager. Und vielleicht waren sie sogar der Meinung, dass sie es verdient haben, von Gott hart bestraft zu werden.

Nun, etliche dieser Menschen fanden später glücklicherweise den Weg hinaus aus dieser Fehlerfalle. Irgendwann wurde ihnen deutlich, dass auf der Erde kein Mensch existiert, der nie einen Fehler macht. Es ist sogar im höchsten Maße menschlich, so stellten sie erleichtert fest, auch einmal zu versagen und das Falsche zu tun.

Fehler helfen dabei, etwas zu lernen und es beim nächsten Mal besser zu machen. Fehler spornen an, an sich zu arbeiten und dabei zu wachsen. Etliche, die früher ängstlich versuchten, jeden Fehler zu vermeiden, heißen Fehler heute in ihrem Leben willkommen.
Sie haben das als wunderbare Befreiung erfahren und können heute mit vielen früheren Leidensgenossen bekennen: »Ich muss nicht immer alles richtig machen. Ich muss nicht fehlerfrei sein. Ich darf es immer wieder versuchen. Und manchmal darf ich auch akzeptieren, dass ich etwas beim besten Willen nicht schaffe. Schließlich bin ich ein Mensch! Und mein Wert ist niemals, niemals davon abhängig, dass ich alles richtig mache.«
Wie ist das in Ihrem Leben? Können Sie auch so gelassen mit Ihren Schwächen und Fehlern umgehen? Dann freuen Sie sich: Sie sind dabei in »guter Gesellschaft«.

94 Himmel und Erde

Hier auf unserer Erde sind wir für einige Jahre zu Hause. Hier kennen wir uns inzwischen ganz gut aus. Hier versuchen wir, unsere Aufgaben zu erfüllen. Hier schlagen wir uns mit unseren Problemen herum. Und manchmal kommt es uns so vor, als würden wir ums Überleben kämpfen. Dabei wollen wir doch mehr als Arbeiten und Überleben, mehr als Sorgen und Probleme.

Manche Menschen trösten sich damit, dass nach dem Leben hier auf der Erde der Himmel auf uns wartet. Wie schade, wenn sie den Himmel nur als Hoffnung für eine ferne Zukunft sehen! So betrügen sie sich heute um ihr größtes Geschenk.

Zum Glück weiß unsere Seele mehr vom Himmel. Sie spürt seine Nähe schon hier und heute. Sie sagt uns: Wirkliches Leben, tiefes und erfülltes Leben ist nur da möglich, wo der Himmel die Erde berührt. Dort finden wir Hoffnung, wenn wir keinen Ausweg sehen. Dort empfangen wir Liebe und Freude, wenn wir innerlich leer sind. Es ist der Himmel, der unserem Herzen Flügel schenkt.

Eine persönliche Frage: Wo und wann begegnet Ihnen der Himmel?

Vielleicht begegnet er Ihnen, wenn Sie für einen Augenblick alles um sich herum vergessen können. Oder wenn Sie Musik hören und völlig von ihr ergriffen sind, sei es bei einem Choral von Bach oder bei »handgemachter« Rockmusik. Vielleicht, wenn Sie staunend die Wunder der Schöpfung betrachten und ihre Größe, Macht und Schönheit nicht fassen können. Vielleicht dann, wenn Sie sich von Ihrer Seele wunderbare Träume schenken lassen. Oder wenn Sie ein kurzes, ehrliches Gebet sprechen und dabei spüren, wie Sie innerlich auftanken. Vielleicht begegnet Ihnen der Himmel, wenn Sie sich von der Poesie verzaubern lassen, wenn Sie nach langer Verzagtheit neuen Mut schöpfen oder wenn Sie die befreiende Kraft der Liebe erfahren.

Himmel und Erde gehören zusammen. Dunkelheit und Licht sind beide Teil des Lebens. Was für ein Geschenk ist es doch, dem Himmel vertrauen zu können und sich immer wieder für das Licht und die Liebe zu öffnen!

95 Freundliche Gesichter

Es sind so viele unterschiedliche Gesichter, die uns an jedem Tag begegnen. Manche von ihnen sind verschlossen, andere sogar höchst unfreundlich oder abweisend, wieder andere sind völlig leer und nichtssagend. Schade, wenn Gesichter so gar nichts Positives ausstrahlen! Sie sagen uns: »Lass mich in Ruhe!« oder »Ich kann für nichts garantieren, mir geht es nicht gut!«, »Mich langweilt hier alles!« oder »Ich bin unzufrieden und unglücklich!« Ob wir sie richtig interpretieren? Auf jeden Fall wissen wir, dass uns solche Gesichter nicht gut bekommen. Denn Unzufriedenheit wirkt schnell ansteckend.

Zum Glück gibt es auch viele Gesichter mit einer wunderbaren, positiven Ausstrahlung. Sie sagen uns: »Ich freue mich auf diesen Tag!« oder »Schön, dich zu treffen!«, »Ich finde das Leben aufregend!« oder »Ich bin dankbar, dass ich hier bin!«, vielleicht sogar »Ich fühle mich wie neu geboren!« oder »Wie schön wäre es, wenn jetzt jemand gemeinsam mit mir lachen würde!« Schon morgens auf dem Weg zur Arbeit begegnen uns einige Menschen, die lächeln oder sogar strahlen. Wir merken, wie gut es uns tut, freundliche und fröhliche

Gesichter zu sehen. Manchmal springt die Fröhlichkeit auf uns über, und alles wird ein wenig leichter an diesem Tag.
Warum es so viele unfreundliche Gesichter gibt, haben wir uns schon manches Mal gefragt. Was sollen wir jetzt sagen? Oft genug gehören wir schließlich selbst dazu – unausgeschlafen, schlecht gelaunt, abweisend. Aber zum Glück lassen wir uns ja gern anstecken schon von ein wenig Freundlichkeit und Lächeln. Und das Beste: Inzwischen versuchen wir auch selbst, andere mit einem Lächeln anzustecken. Sicher, wir üben noch und nicht immer trauen wir uns! Aber es ist eine wunderbare Erfahrung, wenn ein fröhlicher Blick oder ein Augenzwinkern erwidert wird.
Besonders gut klappt das übrigens beim Blick in den Spiegel. Dort wurde unser Lächeln bisher noch jedes Mal erwidert. Versuchen Sie es ruhig auch einmal.

96 Kinderlachen

Sie haben es bestimmt in der Zeitung gelesen? Der neue Kindergarten musste schon nach kurzer Zeit wieder geschlossen werden, weil sich Anwohner über den Kinderlärm beschwert hatten. Jetzt herrscht dort wieder Stille. Eine Stille, die vom Gericht verordnet wurde. Haben Sie sich auch schon gefragt, warum es wohl so oft gerade alte Menschen sind, die sich über kleine Kinder ärgern und beschweren? Ob sie vergessen haben, dass sie selbst einmal Kinder waren? Ob sie im Alter besonders geräuschempfindlich sind? Ob ihnen Ordnung und Ruhe wichtiger sind als menschliche Wärme und der Spaß der Kleinen? Ob sie insgeheim neidisch sind, dass die Kinder ihr ganzes Leben noch vor sich haben?

Sicher, mit Kindern kann es manchmal recht laut sein. Und es geht auch schon mal etwas kaputt. Ohne Kinder ist vieles einfacher. Aber was nützt uns eine Stille, wenn es eine Grabesstille ist?

Ich nehme an, dass Sie Kinder lieben. Das heißt nicht, dass Sie sich jeden »Scherz« und jeden Lärm gefallen lassen. Aber Sie meckern nicht ständig herum. Und wahrscheinlich freuen Sie sich oft genug, wenn das Lachen kleiner Kinder Sie aus Ihren Gedanken reißt.

Ja, auch das liebe ich an Jesus so sehr, dass er seinen Jüngern verbot, die Kinder wegzuschicken. »Stört Jesus nicht, er muss nachdenken und hat Wichtigeres zu tun, als sich mit euch abzugeben!« So ungefähr haben die Jünger wohl versucht, die Kleinen loszuwerden. Jesus sagte voller Liebe: »Lasst die Kinder zu mir kommen, denn für solche wie sie steht der Himmel offen.« Und er legte ihnen die Hände auf und segnete sie (Markus 10, 13–16).

Da wir alle einmal Kinder waren, dürfte der Weg zu einer kinderfreundlichen Gesellschaft eigentlich gar nicht so schwierig sein. Es würde reichen, wenn jeder sein Teil dazu beitragen würde. Eine alte Dame im Seniorenheim sagte mir einmal auf die Frage nach ihrer Lieblingsmusik: »Ach wissen Sie, am liebsten höre ich lautes Kinderlachen. Aber das hören wir hier ja leider viel zu selten.«

97 Über sich selbst freuen

Manchmal ärgern wir uns schrecklich, nicht über die Chefin oder den Nachbarn, sondern über uns selbst. Wir sind unzufrieden mit uns, mit unserer Art, mit unserem ungeschickten Auftreten, mit unserer durchschnittlichen Leistung. Wir finden uns zu albern oder leiden darunter, dass wir kontaktscheu sind und uns nicht trauen, auf Fremde zuzugehen. Wir sind in unseren Augen nicht locker und elegant genug, und außerdem ist unsere Nase zu spitz oder zu lang.

Manchmal sind wir tatsächlich selbst unser größter Kritiker. Wir sehen unsere Fehler schon, lange bevor sie anderen auffallen. Wir kennen unsere Schwächen und ärgern uns darüber, dass wir nicht intensiver an ihnen »arbeiten«.

Nun, Selbstkritik ist bestimmt wichtig. Wie sonst sollen wir uns weiterentwickeln und aus Fehlern lernen? Doch Selbstkritik muss ihre Grenzen haben. Sie darf nicht unsere ständige Begleiterin sein. Sie soll nicht ungerecht und bissig sein. Eine übertriebene Selbstkritik kann schließlich dazu führen, dass wir uns selbst nicht mehr leiden können.

Wie gut, wenn wir auch die andere, hellere Seite kennen! Wie gut, wenn wir auch unsere Vorteile und Stärken sehen! Wie gut, wenn wir stolz auf unsere Erfolge sein können, auch wenn diese nicht spektakulär und weltbewegend sind! Wie gut, wenn wir uns vor einer interessanten Veranstaltung schön anziehen und wohlwollend im Spiegel betrachten!

Und wenn die Erfolge einmal ausbleiben und sich die alten Fehler wieder einschleichen? Dann haben wir hoffentlich – trotz aller Selbstkritik – eine positive Grundeinstellung zu uns selbst. Vielleicht verdanken wir das einer glücklichen Kindheit, liebevollen Eltern oder dem gesunden Glauben an einen Gott, der es stets und in allem gut mit uns meint. Froh sein können über uns selbst, das ist ein wunderbares Geschenk, für das wir gar nicht genug dankbar sein können.

Wir ärgern uns weiter über manchen Fehler, aber wir hören nach kurzer Zeit damit auf. Warum? Weil wir uns selbst lieben, mögen und jeden Tag aufs Neue froh sind, dass es uns gibt!

Er wohnt mit seiner Frau auf dem Lande in direkter Nachbarschaft der Weinberge. Ein Stück entfernt befindet sich ihr kleines Wäldchen, das seit Längerem im Besitz der Familie ist. Wenn er davon erzählt, blitzen seine Augen und seine Begeisterung ist ihm deutlich anzusehen. Der Wald ist sein Hobby. Er hegt und pflegt den Baumbestand. Jene Bäume, die andere am Wachsen hindern, fällt er eigenhändig. Die werden dann von ihm zerteilt und zu Feuerholz verarbeitet. Regelmäßig kommt er mit seinem kleinen Traktor mit einer Fuhre Holz aus dem Wald.

»Das ist für mich immer wieder ein beglückender Augenblick, wenn ich im kalten Winter zu Hause am Kamin sitze, dort die angenehme Wärme genieße und daran denke, dass ich das Holz selbst im Wald geschlagen habe. Dann bin ich sehr dankbar für die Natur, die ich pflegen und von der ich auch leben darf.«

In unserer schnelllebigen Zeit suchen wieder mehr Menschen als noch vor einigen Jahren den Kontakt zur Natur und genießen ihre vielfältigen Früchte und Gaben. Unzählige Hobbygärtner verbringen einen Teil ihrer Freizeit im Schrebergarten, wo sie auf kleiner Fläche Gemüse anbauen, Stachelbeeren ernten und sich über die Pracht der Blumen freuen. Andere sind begeisterte Imker, halten ein paar glückliche Hühner oder haben sich hinter dem Haus einen kleinen Kräutergarten angelegt. Im Herbst sind die Pilzsammler unterwegs, und ich selbst »durfte« jahrelang für meine Mutter Brombeeren und Hagebutten sammeln, aus denen sie köstliche Marmelade kochte. Die bot sie dann auf dem Weihnachtsbasar ihrer Kirchengemeinde für einen guten Zweck zum Verkauf an.

Wohl fast alle Menschen, die ihr Leben nicht nur in künstlichen Welten verbringen und sich nicht nur mit Industrieprodukten sättigen wollen, können die Freude über die guten Gaben und Möglichkeiten der Natur teilen. Und manche von ihnen feiern das jährliche Erntedankfest noch aus vollem Herzen. Mir fällt ein alter Bibeltext dazu ein: »Herr, wie zahlreich sind deine Werke. Du hast sie wunderbar gemacht« (Psalm 104,24).

99 Fröhlich feiern

99 gute Gründe, das Leben zu feiern, liegen jetzt hinter Ihnen (oder vor Ihnen, wenn Sie Bücher lieber von hinten lesen). Sicher sind manche Anregungen dabei, das Leben von einer positiveren Seite zu sehen.

Das Leben feiern – das kann natürlich sehr unterschiedlich aussehen. Sie können plötzlich an einem ganz normalen Tag eine tiefe Freude empfinden, dass Sie so lebendig und guter Dinge sind. Sie können mitten in der Nacht ein Dankgebet sprechen oder sich an Ihrem Geburtstag vornehmen, in Zukunft jeden Augenblick so intensiv wie möglich zu leben. Sie können das Leben vertiefen, auskosten, genießen – Ihnen wird noch manches andere einfallen.

Das Leben feiern – wie wäre es, tatsächlich zu einer Feier einzuladen? Sie verschicken rechtzeitig die Einladungskarten an eine bunte Schar netter Menschen. Darin ist der Termin gedruckt und die Losung: Lasst uns an diesem Tag gemeinsam das Leben feiern!
Und dann geht es los. Jeder Gast bekommt zur Begrüßung ein Glas Sekt oder ein alkoholfreies Mixgetränk sowie drei farbige Notizzettel in Form eines Herzens

oder eines Schmetterlings. So hat jeder die Möglichkeit, drei Gründe zu Papier zu bringen, das Leben zu feiern (Sie kennen ja schon mindestens 99!). Die eingesammelten Herzen oder Schmetterlinge werden für alle sichtbar an eine Wand geklebt oder um eine Kerze drapiert. Jetzt sehen alle die Vielfalt der guten Gründe. Anschließend folgt ein buntes Programm. Sie singen fröhliche Lebenslieder, Glaubenslieder, Hoffnungslieder und Liebeslieder. Jemand liest ein Gedicht zur Feier des Lebens vor, jemand einen Psalm, jemand eine kleine Geschichte.

Nach dem Essen, einer Symphonie von Farben und Gerüchen, machen Sie fröhlich weiter. Es wird getanzt und gespielt, und irgendwann sitzen alle im Kreis zusammen und erzählen sich von den Augenblicken, in denen sie das Leben am meisten überrascht und beglückt hat. Das ist vielleicht das Größte, was wir verschenken können:
Wir lassen die anderen teilhaben an dem Glück, das Leben zu lieben.

MIX
Papier aus verantwortungsvollen Quellen
FSC® C017859

Verlagsgruppe Random House FSC® N001967
Das für dieses Buch verwendete FSC®-zertifizierte Papier
EOS liefert Salzer, St. Pölten, Austria.

1. Auflage 2014
Bestell-Nr. 816 930
ISBN 978-3-86591-930-4
Umschlaggestaltung: Hanni Plato
Umschlag- und Innenteilfotos: shutterstock
Satz: Vornehm Mediengestaltung GmbH, München
Druck und Verarbeitung: CPI Moravia